How Curiosity, Exploration,
and Experience Make a Fuller,
Better Life

用新體驗取代遺憾，活出充滿故事的人生

Life in
Three Dimensions
內在富裕

大石繁宏　陳正芬／譯
Shigehiro Oishi

獻給艾德・迪安納（Ed Diener），他有過幸福、充滿意義且內在富裕的人生

各界讚譽

■ 劉奕酉，《看得見的高效思考》作者

當我們談論幸福人生時，總是離不開「快樂」與「意義」這兩大命題。然而，這本書提及的「內在富裕」讓我重新思考，原來還有第三條被忽略的路徑。更重要的是，打破了單一價值觀的限制並提醒我們：人生的豐富程度，來自於那些預料之外的挑戰、探索與冒險。

身為顧問與教學者，我時常見到許多人在人生選擇上陷入兩難，渴望快樂卻失去意義、追求意義卻犧牲快樂。而這本書所提出的洞察，正好打破了這樣的困局，告訴我們內在富裕不只能成就更具層次的人生，也能養成面對變局與挑戰的韌性與創造力。

我想這不僅是心理學上的新視角，更是職涯與人生規劃中的「破局」選項，對於任何想跳脫標準答案的人，這本書都能帶來全新的可能性。

■ 洪瀞，成大教授、暢銷書《自己的力學》、《先降噪，再聚焦》作者

也許你曾聽說過「幸福很簡單」，也或許你沒有。但，只要翻開《內在富裕》以後，你一定會對「幸福」有更深層的領悟——這次，不要輕易再讓這個問題，被一句話輕輕帶過了。也是閱讀這本書，才讓我開始反思：爲什麼幸福從來不是短暫的快樂，也無法單靠外在條件的堆砌；爲什麼它是一種需要時間，在日常裡體驗與積累的富裕。原來，多數時候，幸福其實藏在我們願意直視不安、混亂，甚至脆弱的時刻中，以及你耐心的醞釀。

如果你也曾靜下心思考過：「什麼是幸福？」那麼，《內在富裕》就是值得你一門深入、細心品味、並珍藏在生命裡的書。推薦給你。

■ 王意中，王意中心理治療所所長、臨床心理師

曾經走過，無怨無悔。在人的一生當中，無論生命的長短，重要的是，當中所經驗的質與量。和外在世界經歷的聯結，與內在自我的覺察對話。對生活抱持著玩的態度，讓眼前看似的挑戰與磨難，變得平易近人。

內在富裕，讓我們的經驗值，隨著時間產生複利效果。當我們將視野開放，新奇的事物映入眼簾。讓我們舉手之勞動手做，伴隨著藝術元素的加持。讓自己成爲有故事的人。信手拈來，生命中，處處皆可說，凡事皆可聊。內在富裕，不需與他人競爭，不需與他人比較。無論是，來自於負面的經驗，或正向的體驗。所有生命過程的接觸，再再讓自己擁有獨一無二、滿心歡喜的生命歷程。

■ Book Riot 書籍網站書評

已經有一段時間，我沒有讀到一本眞正帶來新啟發的自助書籍了……《內在富裕》就是那一本。這本書爲我多年來難以言喻的渴望與生活方式賦予了聲音。若你和我一樣，不斷追尋一種擴展的感受——一種不是以名聲或認可爲標準，而是以豐富經歷爲尺度的寬廣人生——這本書將讓你感到被深深理解。而如果你正陷入停滯、倦怠，或心生疑問：「我的人生就這樣了嗎？」這本書將爲你開啟新的可能性。

■ 強納森・海德特（Jonathan Haidt），紐約大學史登商學院（NYU Stern School of Business）湯瑪斯・庫利道德領導學教授（Thomas Cooley Professor of Ethical Leadership），著有《紐約時報》暢銷書《失控的焦慮世代》（*The Anxious Generation*）

許多人都希望人生不只是幸福，他們想要擁抱所有變化與可能。他們希望人生是個精彩的故事或很棒的旅程，峰迴路轉、跌宕起伏，沿途有各種各樣美好的事物。直到現在爲止，心理學對這方面幾乎沒有著墨，於是他們必須轉向幾百年前的浪漫作家去尋求指引和共鳴。但再也不需要了，本書將給你許多新的洞見，教你擁有美好人生。

■ 亞當・格蘭特（Adam Grant），著有《紐約時報》冠軍暢銷書《逆思維》（*Think Again*）和《隱性潛能》（*Hidden Potential*），亦爲播客節目《Re: Thinking》的主持人

原來人生不只是幸福和意義，在大石繁宏先驅的研究中，發現美好人生的第三個被忽視的維度，那就是擁有充滿趣味和嶄新的體驗。在這本充滿活力且深具洞察力的書中，他揭露了讓內在變得富裕的方法。

■ 丹尼爾・吉爾伯特（Daniel Gilbert），哈佛大學（Harvard University）艾德格皮爾斯心理學教授（Edgar Pierce Professor of Psychology），著有《紐約時報》暢銷書《幸福的盲區》（*Stumbling on Happiness*）

沒有人比大石繁宏更懂福祉科學。在這本傑出的新書中，他分享了關於何謂美好人生的畢生發現。本書充滿洞見、原創概念與智慧。

■ 伊森・克洛斯（Ethan Kross），國際暢銷作家，著有《強大內心的自我對話習慣》（*Chatter*）

幾乎每隔一週就有一本關於幸福和意義的新書問世，要在這擁擠的領域中出類拔萃並不容易。但是，大石繁宏，這顆心理學界的閃亮之星，卻以他引人入勝的文筆、清新的原創概念和令人興奮的新書辦到了。本書將改變你對何謂美好人生的觀點。

■ 索妮亞・柳波莫斯基（Sonja Lyubomirsky），加州大學河濱分校（University of California, Riverside）傑出心理學教授，著有《這一生的幸福計劃》（*The How of Happiness*）

大石繁宏對於內在富裕人生的概念，是我最喜愛的新概念——並且是幸福科學在這數十年間的重大進展。我眞心相信本書將啟發讀者理解——從而活出——自己最棒、最充實且最眞實的人生。趕快跑去買這本書吧，別慢慢走了。

■ 馬丁・賽利格曼博士（Dr. Martin E.P. Seligman），賓州大學正向心理學中心（Penn Positive Psychology Center）主任，著有《學習樂觀・樂觀學習》（*Learned Optimism*）

豐富的人生是一種美好的人生，也是幸福人生和有意義的人生之外第三種重要的選擇，大石繁宏的主張深具說服力。此外他也告訴了我們如何做到。本書會令每位人生卡關的人感到耳目一新。

■提摩西．威爾遜（Timothy D. Wilson），維吉尼亞大學（University of Virginia）謝雷爾阿斯頓心理學名譽退休教授（Sherrell J. Aston Professor of Psychology Emeritus），著有《重新導向：改變我們賴以爲生的故事》（*Redirect: Changing the Stories We Live By*）

這本精彩的著作令人愛不釋手，你將陶醉在引人入勝的敘事和深刻的軼事中。但更重要的是，它根據最近期的科學研究傳達出關於心理豐富人生的智慧，這將改變你的生活方式。

■羅利．桑托斯（Laurie Santos），耶魯大學（Yale University）錢德利卡與拉詹坦頓心理學教授（Chandrika and Ranjan Tandon Professor of Psychology），也是播客節目《快樂實驗室》（*The Happiness Lab*）主持人

本書是令人愉快的指南書，帶你了解用更多好奇心、探索和豐富性來填滿人生的重要性，每一位尋求如何活出更好人生的人都一定要閱讀本書。

目次

各界讚譽——5
第一章　該留還是該走？——14
第二章　幸福的陷阱——30
第三章　意義的陷阱——47
第四章　探索的人生——60
第五章　內在富裕的元素——75
第六章　誰才是內在的富翁？——90
第七章　保持玩心——113
第八章　自己動手做的美妙之處——132
第九章　美感體驗算數嗎？——149

第十章　探索的理由——172
第十一章　把逆境化為內在富裕的經驗——202
第十二章　我們說的故事——219
第十三章　剩下兩個問題——236
第十四章　了無遺憾的美好人生——263
謝詞——279
附錄一：內在富裕問卷——283
附錄二：美好人生與五大人格特質的相關性統合分析——288
附錄三：本書的另類結語——289
參考資源——342
作者與譯者簡介——343

第1章 該留還是該走？

如果我走，會遇上麻煩；
如果我留，麻煩只會翻倍。

——衝擊合唱團（The Clash）

1. 安適的人生

阿義出生在日本九州的小山村，一個以生產綠茶和蜜柑知名的地方。阿義就像他的父親、祖父和在他之前的所有男性祖先，一輩子住在那裡，種稻米和茶為生，他才上了一年的農業高校就選擇輟學務農，走上這條老路。二十七歲那年，阿義娶了鄰鎮的女孩，有了三個孩子，他參加街坊組成的壘球隊，一直打到五十幾歲，每年會跟鄰居結伴到各地的溫泉暢遊。至今他依舊住在這座小鎮，還是同一位妻子，親近的友人還是那幾個從小學就認識的，阿義選擇遵循先人的足跡，他與祖先不僅血脈相連，就連職業、住所、期待和生活方式都緊緊相繫。

阿義是我父親，而我是他遠在天邊的兒子。我剛過完十八歲生日後，花了整整十八天才從我住的小山村來到東京上大學。大四那年，我獲得國際扶輪社（Rotary International）的獎學金，到緬因州留學。留學的課程開始前，我先到紐約市的史泰登島（Staten Island）去參加暑期英語課程，當時我剛和東京的女友分手，對談戀愛心灰意冷，只想把英文讀好，但我認識了一位韓國學生並墜入愛河，當時她即將前往波士頓讀研究所，我則是即將去緬因州的劉易斯頓（Lewiston）留學一年。一九九一至九二年的那個學年間，我每週末搭灰狗巴士去波士頓看她，到了五月，我必須回東京，儘管我在留學前的生涯規劃是去日本的文部省工作，全然沒有打算在美國念研究所，但那時我已下定決心要回美國。一九九三年六月畢業後，我離開日本，從此不再回去，之後流轉於紐約市、伊利諾州香檳市（Champaign）、明尼蘇達州明尼亞波里斯市（Minneapolis）、維吉尼亞州夏洛特鎮（Charlottesville）等地，最後在芝加哥落腳。在這過程中，我娶了在史泰登島認識的韓國女孩，我們的兩個孩子分別出生在兩個不同的城市。我已經多年沒有和任何一位兒時的友人見面。

離開家鄉三十年後，隨著年紀增長，加上試著維持家族的情感聯繫，我經常納悶著我的人生怎麼會與父親的人生差距如此之大，我想知道為何他有機會卻不離開家鄉，相反地，我也想知道自己為何如此漂泊。

父親的人生安定、熟悉且舒適。春季的年度賞櫻會，夏季的盆踴祭典，秋季的賞楓之旅，冬季的溫泉。安適美好的人生。相反地，我的人生一點也不安定、一點也不熟悉，承受著更多壓力，來自授課、批改成績和寫作截止日期，當中混雜著無數次被拒之門外的經驗（例如：申請經費、論文、書籍企劃提案、應徵工作等）。雖然我多半時間熱愛著自己的工作，但有時我真心忌妒父親那單純、怡然自得的生活，希望每個禮拜能有個晚上跟老朋友喝個小酒，回憶學生時代，聊聊農事，但老實說，我知道自己不可能過那樣的生活，因為我極度渴望見識外面的世界，渴望到無法遵循祖先一路走來的一成不變的生活。

2. 幸福、意義及其他

我回想在高中畢業時，面對衝擊合唱團（The Clash）那句不朽歌詞的提問：「我該留還是該走」，那時答案很簡單，走就對了。但隨著年紀增長，這問題也愈來愈難回答，幾十年來，它已經成為我個人生活和學術研究的核心。我猜想大部分的讀者也曾經問過自己相同的問題，不只一、兩次，而是很多很多次。你們之中的一些人或許就像我父親那樣，忠誠、謹慎且念舊，將安定列為人生的優先；有些人或許比較像我，對外界的變化敏感、異想天開、愛冒險，擁抱大膽探險的人生。當然，安定和變動的人生；單純與高潮迭起的人生；舒適和挑戰的人生；傳統與非傳統的人生，這之間存在著利弊得失，但是，哪一種才能讓我們更接近「美好」的人生呢？

要回答這個問題，我會汲取我數十年來的心理科學研究，輔以現有文學、電影、哲學著作中的案例資料，但我們首先要問的是，究竟什麼是美好的人生？

當《金翅雀》（*The Goldfinch*）的作者唐娜．塔特（Donna Tartt）被問到她在這本小說中想探討什麼問題時，她回答：「什麼是美好的人生……是讓自己感到幸福？是屬於個人的幸福？還是哪怕犧牲自己的幸福也要讓別人幸福？」塔特的提問值得深思。我們是否應該努力追求幸福？還是先努力使他人幸福，然後才想到自己？

首先，什麼是個人的幸福？什麼使你幸福？是能夠隨心所欲做自己想做的事？還是追求並完成事業目標？又或是到海邊玩耍或是做SPA？我在人生中曾經做過很多自私的決定，包括在我兒子們還就讀初高中時搬到紐約，到一所聲譽卓著的學校工作，儘管兒子不想離開家鄉和他們的朋友，我還是選擇使個人的幸福極大化，而到頭來，我並不覺得自己更幸福。相反地，我父親則決定留在家鄉，或許是為了使我母親和其他人幸福而犧牲了他自己。如果搬到縣內另一個熱鬧的城市，他賺的錢大概會多很多。諷刺的是多年後，他對當初決定的滿意程度似乎高於我，這聽起來像是什麼中國諺語的故事，卻闡釋了一個更大的真理：心理學的研究顯示，試圖使他人幸福將使你幸福，而試圖使自己幸福，卻往往無法如願。心理學家發現，利他目標的花費、寫感謝信、懷抱知足心態（也就是安於所有），都能提升幸福的程度，父親如此幸福的主要原因，可能是他調整自己的期望，珍惜在田裡的每一天，享受老伴在身邊的小確幸。

父親的美好人生，關鍵或許在他決定將他人（包括我母親和家族傳統）的需求置於自己的需求之上，話雖如此，以自我犧牲與美德為主軸的人生——或許可以被稱為「有意義的人生」——是無怨無悔的人生嗎？人會為最近做過的事後悔，後悔說了不該說的話或是做了不該做的事，然而從長遠來說，人更會為自己沒有做的事後悔，像是沒有說出「我愛你」，或沒有回學校繼續進修，有些人過著自我犧牲與美德的人生，卻錯過種種機會，最終招致更多的遺憾和悔恨；自我犧牲確實令人敬佩，但是把自我犧牲擺第一位，可能會使你看不見自己的渴望和理想，直到感覺人生不再真實。法國哲學家尚保羅．沙特（Jean-Paul Sartre）會將之稱為「自欺」（bad faith）的人生，托妮．莫里森（Toni Morrison）的小說《秀拉》（*Sula*）中就出現了這樣的例子，書中的妮爾．萊特（Nel Wright）擱置了兒時的冒險夢想，按著家人的期待扮演完美妻子與母親的角色。

光譜的另一端，我們可以找到神經學家兼作家奧利佛．薩克斯（Oliver Sacks），他是機車幫會「地獄天使」（Hells Angels）的活躍分子，是一名健美先生，吸食過ＬＳＤ（一種會產生幻覺的迷幻藥物），之後才展開寫作生涯。他在大學時期與憂鬱症對抗；親生母親告訴他，當她得知他是同志，恨不得從沒生下過他；他的成年生活中有三十五年抱持獨身主義。儘管有過艱困歲月，他的生命中充滿冒險與好奇、對專業領域界線的挑戰，以及深度體驗和豐富的情感，換言之，那是真實的人生，是沙特讚許的那種人生。

3. 什麼是內在富裕的人生？

奧利佛．薩克斯的故事呈現出一種困境，他患有憂鬱症且長期處在內心掙扎的狀態，但他還是持續探索新的世界，他在二〇一五年出版了自傳《勇往直前》（*On the Move: A Life*），書名可說恰如其分。個人的幸福與滿足，或者自我犧牲與美德，都無法貼切說明薩克斯人生為何如此讓人敬佩，我們需要一種新的說法，我和我的學生們決定稱之為「內在富裕的人生」。內在富裕的人生充滿變化多端的、不平凡的、有趣的體驗，能改變一個人的觀點；是曲折迴旋、高潮迭起、多采多姿的人生。不是直白易懂的，而是多樣與複雜的人生。是有許多停頓、迂迴和轉捩點的人生，感覺就像是漫長蜿蜒的健行，而不是在相同的賽道上一圈圈地跑。

黑巧克力相對於甜巧克力，是個不錯的類比，當你吃下一片細緻的黑巧克力時，會立刻察覺到它有別於一般甜膩的巧克力，苦中帶甜，甚至帶點鹹，使你驚喜，味覺的強度更高、更複雜且更具深度，換言之，它是豐富的。同樣道理，內在富裕的經驗有別於一般經驗，有種超乎意料且強大的力量，具有多樣化的特質，而不是非黑即白。經過時間累積，內在富裕的經驗形成了內在富裕的人生，也是風味繁複鮮明的人生。反過來說，內在富裕的人生，也就是擁有豐富體驗的人生。

但是，我們為何需要這個新的詞彙呢？要解釋這個疑問，接下來讓我們稍微離題，進入心理學領域中關於美好人生的研究史，我將其分為三個階段。

階段一：幸福研究的興起

我的研究所指導教授艾德・迪安納（Ed Diener），是最早研究幸福的學者之一，他於一九八四年出版一篇題名為〈主觀福祉〉（Subjective Well-Being）的論文。艾德與藍迪・拉森（Randy Larsen）和鮑勃・伊蒙斯（Bob Emmons）等學生們，在一九八〇年代又出版一系列關於主觀福祉的論文，正式成立了心理學中有關幸福的科學研究。之後，馬汀・塞利格曼（Martin Seligman）和米哈里・契克森米哈伊（Mihaly Csikszentmihalyi）根據幸福以及希望、樂觀和心流等相關主題進行的研究，更為大眾所熟知的正向心理學建立起基礎。

階段二：意義式幸福感的挑戰

到了一九八九年，卡洛・雷夫（Carol Ryff）出版一篇題為〈幸福是王道，真的嗎？〉（Happiness Is Everything, or Is It?）的論文，提出美好人生的另類模型，聚焦在自主、自我接納、目的、正向關係、環境掌控以及個人成長。艾德・德西（Ed Deci）和李察・萊恩（Richard Ryan）的自決理論（self-determination theory），以及雷夫對美好人生的觀點，被統稱為「意義取向」（eudaimonic approach）——亦即有意義的人生；與之對比的是艾德．迪安納、丹尼爾．康納曼（Daniel Kahneman）、丹．吉爾伯特（Dan Gilbert）、索妮亞．柳波莫斯基（Sonja Lyubomirsky）等人，他們對美好人生的觀點被統稱為「享樂取向」（hedonic approach），亦即幸福人生。

階段三：論戰

過去二十年間，福祉研究學者對享樂式和意義式幸福感的福祉究竟何者重要持續辯論著。舉例來說，自認生活順遂的人，往往也會說自己是幸福的，但未必會說自己的人生有意義。上班族在休息時比工作時快樂，但是在工作時比在休息時更投入。一些研究學者甚至宣稱，他們已經發現享樂式和意義式的福祉之間存在不同的表觀遺傳學（epigenetic）模式，認為我們從基因本身的表現方式就有所不同；但亦有研究學者發現，幾乎所有表示自己幸福的人，也往往會表示自己的人生是有意義的，反之亦然。由於享樂式與意義式福祉如此大幅重疊，一些研究學者便主張兩者實質上是同一回事；還有些人則主張，幸福和意義兩者對人生都是如此重要，根本無須爭辯何者為重。

4. 第三維度的利用

研究福祉的學者針對幸福與意義何者重要爭辯不休，各自主張一個比另一個重要，我個人的看法是幸福和意義兩者都重要，儘管如此，兩者卻也都無法充分詮釋薩克斯那種冒險、非傳統且高潮迭起的人生。換言之，心理學家從沒有充足的詞彙來形容這樣的人生。某方面來說，「幸福」相對於「意義」的爭論，和心理學領域的另一場辯論旗鼓相當：何者為預測智力最重要的因素，先天條件（基因）還是後天教養（環境）？到頭來，結論是先天後天都重要。後來卡洛．德威克（Carol Dweck）提出的第三種想法為人們普遍接受，那就是成長心態。她證明人對智力的觀點——明確地說，人是否相信智力可以進步——對預測智力和人類表現也同樣具備重要性。

有天晚餐時，妻子說起客廳窗户上的窗繩斷了，問我可不可以修理（我們家是一幢十九世紀末維多利亞式的房子，有著原始的雙懸窗，要靠窗繩操作的那種）。我回答：「應該要請人來做吧，我的手不夠巧。」這時我正在讀中學的次子立刻說：「爸，你這是定型心態（fixed mindset），你可以進步的！」原來他在學校才剛學到德威克的成長心態。兒子的建議成為我修理窗户的動力，想要成為雙手更巧的人。這個小例子說明，成長心態這樣的概念能如何拓寬我們對於自我、他人與世界的想法。一如成長心態揭示了人類智力與能力的新維度，我希望內在富裕也能展現美好人生的新維度。

那麼，內在富裕跟幸福和意義有什麼不同？本書會詳細回答這個問題（請見表一的簡略摘要），如果要簡短說明，幸福是主觀感受，幸福的生起和消滅顯示一個人當時的人生狀態，有點像是氣球，在適合的風與氣壓下，氣球就能高飛，在空中順利航行，人生一帆風順。但是當天氣不佳，氣球會洩氣並掉落地面，動彈不得，人生卡卡。換種方式說，幸福就像棒球打擊率，總會有高有低，但最重要的是擊球的頻率，就打擊率來說，一支內野安打和一支全壘打的價值是相同的，你的目標應該是盡可能打出安打；換言之，相較於偶爾大幅度加薪，小而愉悅的經常性社交互動，更能快速累積成為長期的幸福。

難就難在幸福就像打擊率，會隨時間改變，這一季打得很好，下一季未必如此，威廉·詹姆斯（William James）在《宗教經驗之種種》（*The Varieties of Religious Experience*）中提出：「首先，世界上的成功經驗如此靠不住，如何成為穩定的基準呢？鎖鏈的牢固與否由它最弱的環節所決定，而人生說到底就是條鎖鏈，在最健康、最富有的生存方式中，穿插了多少疾病、危險與災難的環節？」所以說，幸福是脆弱的。

另一方面，人生的意義終歸在於人生是否存有「重點」。當你致力於改變世界，人生自然有了重點，你會看到辛勞的成果，也是你留給後人的遺澤，你的存在有了理由。但是當你的努力沒有顯著效果，就比較難看到人生的重點為何，蘇格蘭創作歌手路易斯·卡柏狄（Lewis Capaldi）在其歌曲《無謂》（*Pointless*）中唱到：「我所追逐的一切夢想……少了你都將是無謂。」不難想像他跟這位女性分手會是怎樣。他的付出將付諸東流，人生也失去了重點。

托爾斯泰是幸福且創作力豐沛的。但是，在沒有任何明顯的失落下，他在大約五十歲時

《戰爭與和平》出版的數年後）突然出現存在危機。「我有個好妻子且我們彼此相愛，我的子女們都是好孩子，我坐擁一大筆毫不費力便能持續增長的財產，我受到親朋好友比以往更高的敬重，我收到陌生人滿滿的讚美，不誇張地說，我的聲名遠播……但我在人生的一切所作所為中，卻找不出合理的意義。」所以說，意義是動盪不定的。

5. 本書是關於……

內在富裕有別於幸福和意義，它非關人生未來的走向，也非關人生重點的整體感受，而是一種體驗，更精確地說，是經驗的「累積成果」。物質的富裕可以用金錢量化——你的錢愈多，物質上愈富裕——同樣道理，內在的富裕可以用經驗量化，擁有愈多有趣的經驗和故事，內在也愈富裕；就好比你可以累積財富成為物質上的富翁，你也可以累積經驗而成為內在富裕的人。如果幸福像打擊率會隨每場比賽改變，內在富裕則更像是職業生涯的全壘打紀錄，是累加的。

未必每個人都和內在富裕的人生一拍即合，比起注重滿足的人，它更適合好奇心旺盛的人。幸福或有意義的人生帶來的安適與安全感提供了一張安全網，這也是充滿未知的內在富裕人生經常欠缺的。然而，幸福與意義的矛盾，在於兩者所帶來的滿足感「可能」造就出一個有著重大遺憾、懷疑與未解疑惑的不完整人生；幸好，我們的人生不是零和遊戲，不是非選擇通往美好人生的單一道路不可，的確有些人「同時」過著幸福、有意義且內在富裕的人生。只要提醒自己，重要的不僅是目的地，也包含了過程，我們就能學會從追求新的經驗和知識中找到價值，創造出無怨無悔、至少是較少悔憾的人生，如此一來，每個人都能從內在富裕的研究中獲益。

表一：幸福、意義和內在富裕的主要特徵

	主要特徵	隱喻
幸福	喜悅、舒適、穩定	氣球、打擊率、甜巧克力
意義	重點、影響、一致性	天使、行動主義者、僧侶
內在富裕	新奇、遊戲、觀點的改變	珠寶盒、全壘打數、黑巧克力

那麼，你該留還是該走？對於選擇留下的人，內在富裕可以為人生增添一種趣味與韌性的新維度；而選擇走的人，則是已經走在通往內在富裕的道路上。

內在富裕的人生有哪些要素？有誰過著內在富裕的人生？內在富裕的人生跟幸福人生或有意義的人生有哪些不同點？體驗的累積需要親身經歷，或間接感受到的經驗也算數？內在富裕的人生有哪些益處？如何在心理上豐富自己的人生？本書將深入探索以上問題。

第2章

幸福的陷阱

無論發生什麼事——
如果感到壓力很大、有點沮喪，
如果已經不知所措——
你總會想裝出一副積極正向的樣子。

——賓大大四生卡哈莉・肯亞他（Kahaari Kenyatta），
論「賓大臉」（Penn Face）文化，
亦即就算難過或感到壓力，
也要裝出幸福和有自信的樣子，
二〇一五年七月二十七日，
《紐約時報》（*The New York Times*）。

1. 人生第一要務

亞里斯多德說，幸福是目標中的終極目標，當威廉．詹姆斯自問：「人生的第一要務為何？」他的答案是：「是幸福。對任何時代的多數人來說，如何獲取、保有、找回幸福，是他們所有作為、所有願意忍受的事情背後的暗藏動機。」幸福是世界各地許許多多人的共同追求，在一項由艾德．迪安納主導的大型國際研究中，百分之六十九的參與者將幸福評分為極端重要（在一到七分當中獲得七分），超過金錢、愛情和健康。幸福是值得追求的目標，研究顯示幸福的人比較健康，也比較樂群（prosocial），幸福的人擁有較好的工作表現，且比不幸福的人長壽。

諷刺的地方在於，盲目追求幸福有時反而導致不幸福，為了一直保持在幸福的狀態下，而對自己過度施壓、引起緊張，反而無法獲取幸福的益處。就以麥狄森．何勒藍（Madison Holleran）這名「人緣佳、魅力十足又才華洋溢」的賓大一年級生為例，根據《紐約時報》

的報導，她「貼的都是她在陽光下燦笑、在派對中盡情享受的照片。」她在社交媒體上示範著幸福的模樣，然而她的現實卻是不堪一擊，她向家中姊妹透露，她覺得自己的社交生活不如朋友精彩，二〇一四年的一月十七日，麥狄森從一棟室內停車場的頂樓躍下，結束自己的生命。

自殺是種極度複雜的行為，而驅使麥狄森自殺的，肯定不光是自覺社交生活不如朋友，還來自其他許多事情。令人震驚的地方在於她多麼擅長在人前偽裝成幸福的樣子，以及一個外表如此融入人群且幸福的人，內心深處竟有著帶她走向悲慘命運的痛苦掙扎。她是特例，還是常規？

根據疾病管制中心（Centers for Disease Control, CDC）的生命統計資料，二〇〇〇至二〇一八年之間，美國人的自殺案例增加百分之三十八。當時自殺還算是少數案例。在高峰的二〇一八年，死於自殺的美國人比率來到每十萬人中有十四人，這數字或許會使麥狄森的案例看似特例，不過自殺念頭就不罕見了，根據疾病管制中心，二〇二〇年共有一百二十萬件企圖自殺的案例，還有一千二百二十萬美國成年人曾經「認真」考慮過自殺，換言之，在那年，每二十名美國成年人當中，就有一人認真考慮過以自殺結束生命，這可不是小數目。如果你從自殺念頭的出現頻率來看，麥狄森的案例就不顯得如此稀有，那麼下個問題是：她為何有那麼大的壓力，非得要裝出幸福的樣子不可，甚至於產生自殺的念頭？

幸福壓力的核心，在於美國的文化將幸福打造成某種可以達成的事，一項研究請美國大學生寫下在想到「幸福」時，心裡會出現哪些東西，許多學生的答案如「幸福是努力工作後的獎賞」以及「幸福是感覺正邁向成功。」有位學生簡單回答道幸福是一次「勝利」！換言之，幸福與成功之間有很強的關聯。另一項研究請大學生寫下「幸福或不幸福的不同方面、特徵或影響」，結果與上述發現重疊：美國大學生往往將幸福和個人成就畫上等號。

如果幸福是勝利，追求幸福就等於追求勝利。成功帶來幸福，失敗招致不幸福，對許多人來說，不幸福等於不成功。如果不幸福，你就是個魯蛇，幸福的壓力或許來自將幸福作為成功象徵的文化敘事，一九五九年索爾·史坦伯格（Saul Steinberg）為《紐約客》（*New Yorker*）繪製的一幅具代表性的封面上，榮華富貴在追逐幸福的比賽中拔得頭籌，意味著成功和富貴是幸福之不可或缺。

2. 什麼能增長幸福？

研究幸福的學者們所發現的，與幸福的成就導向概念有著相當大的差距，那就是，一次勝利的經驗很少能帶來長久（甚至是還算持久）的幸福。升遷之類的重大成就帶來的幸福似乎會在半年內消失，幾十年來針對「情緒預測誤差」（affecting forecasting error）的研究顯示，人往往高估成功帶來的幸福，同時也高估失敗導致的不幸福。在一項研究中，丹．吉爾伯特及其同僚詢問一群非終身職的助理教授，如果獲得終身教職會多麼幸福、被拒絕終身教職會多麼不幸福，聽起來像個答案再明顯不過的問題，這群助理教授一致回答，獲得終身教職會開心不已，若被拒絕則會大受打擊。接著研究人員針對獲得與未獲得終身教職的前助理教授進行訪談；壞消息是，獲得終身教職的人，其幸福的程度並不如現任助理教授所想像，好消息則是，被拒絕終身教職的人，比現任助理教授預測的幸福許多。

幸福科學告訴我們的第一件事，是人高估了成功對幸福的影響程度，大幅度升遷、結婚或喜獲第一子的喜悅相對短暫，反倒像是每天與摯友喝杯咖啡之類的小事會建立起長遠的幸福。幸福在於好事發生的頻率，而不是強度；與此相關的是，研究顯示幸福是親近人際關係的產物，而較少是個人成就的產物。換言之，幸福不是個人成就，而是「人際」的成功。

3. 變得幸福的壓力

那麼，人為什麼要假裝幸福的樣子？的確，有句俗話說「演久就成真」，許多人打心底相信只要一直假裝自己是成功人士，總有一天會成功。撰寫並導演《黑色追緝令》（*Pulp Fiction*）等代表作的昆汀·塔倫提諾（Quentin Tarantino）當年曾在加州曼哈頓海灘的一家錄影帶店當店員，為了在好萊塢取得第一份製作助理的工作，他謊稱自己曾從事電影業。史蒂夫·賈伯斯也是個演久成真的案例，當年的第一支iPhone有記憶體方面的問題，無法同時執行多個程式，於是賈伯斯在第一支iPhone的產品發布會上使用了好幾支iPhone，在展示時一當機就趕緊改用另一支。此外當時還有頻寬問題，所以當展示的iPhone連線不良，他們就造假，讓收訊顯示維持在五條槓。最後，蘋果解決了記憶體的問題。同理可證，會不會有許多人以為，只要假裝幸福，終究會變得幸福呢？

是否多數人以為假裝幸福的樣子會使他們幸福，我們無法明確得知，不過倒是有一項知名的實驗，讓某些參與者口中銜一支筆模仿微笑的樣子，其他參與者則否，接著給他們看幾部卡通片並對每一部片的有趣程度打分數，研究人員發現令人震驚的事實：做出微笑樣子的人，比起不微笑的人認為卡通片更加有趣！換言之，只是動一動臉部肌肉擺出微笑的臉，就使他們看卡通時更加樂在其中，有些研究成功複製相同結果，有些則否。無論如何，上述的原始實驗受到主流新聞媒體引用，於是許多人相信，當你難過時，應該擺出一張幸福的臉。

此外還有許多這樣的實驗，要求參與者表現出外向者的行為舉止，之後他們回報比那些被要求正常行動的人更加幸福，令人驚訝的地方在於，這樣的干預對天生內向者也有效。與上述實驗類似，當人被要求跟陌生人搭訕（亦即表現得像個外向者），感受到的幸福超乎預期，這樣的發現之後成功被複製。所以說，裝出一副外向者的樣子確實可能使人更幸福，即使假裝微笑未必如此。

此處的關鍵是，人在某些情況感到難過、生氣和焦慮是再自然不過的事，過度強調幸福會造成危險的誤解，以為不幸福是失敗的象徵。在一項實驗中，參與者被要求在有或沒有幸福的壓力下解開同字母異序字謎（anagram），事實上那道字謎設計成無法解開，所有參與者都失敗了，結果相較沒有被施壓的控制組，有幸福壓力的參與者對失敗較無法釋懷；**當你確信自己應該要幸福時，同樣的失敗將帶來較糟的感受**。

一項大型國際研究發現，美國人感受到必須幸福的壓力遠高於日本人、烏克蘭人和德國人，有趣的是，在那些認為幸福與好運和財富的連結重於幸福與個人成就連結的國家（如日本和德國），人似乎較少有必須幸福的壓力。不僅如此，這群研究者也發現，感到有幸福壓力的人，也會感到不能難過和憤怒的壓力，簡單來說，許多美國人陷入了幸福的陷阱。

4. 但負面情緒是正常的

幸福的陷阱有兩面。第一，有必須幸福的壓力，似乎使難過、憤怒和痛苦的感受變得不可取、不合時宜。但是，負面情緒是難免的，當你錯過一班火車、當某人批評你、當你的孩子對你做的事不知感恩，你會感到不愉快。這是再自然不過的。

就以住在紐約市的我遇到不只一次的經驗為例，我住在一棟沒有門房看顧的建築裡，有一天，我拿著從附近中國餐館外帶的食物回到住處，一位小姐替我開門，我說：「謝謝妳！」她答道：「我才要謝謝你呢！」我一頭霧水。之後我才明白，她以為我是替她送食物來的中國外送員，這樣的事情在我讀研究所時、當上正教授後都還發生過，我有種受辱的感覺，但生活總會有些意外，是吧？

說到研究所，當我還是博士班的五年級生時，指導教授跟我說了以下故事。普林斯頓的知名心理學家丹尼爾・康納曼打電話給我的指導教授艾德・迪安納打聽我這個人，當時我應徵了普林斯頓一個助理教授的缺。他們聊了一會兒，康納曼問我的指導教授，「繁宏是個狂妄自大的人嗎？」指導教授說：「不，他不是。」康納曼說：「這樣啊。在普林斯頓，要夠自大才生存得下去。」接著我的指導教授做了一件大概算是好的指導教授都會做的事。「我有另一個學生還滿自大的。」一星期後，我發現自己沒有獲得去普林斯頓面試的機會，而我那個「狂妄自大」的實驗室夥伴卻得到了！這個世界不總是公平的，是吧？

當諸如此類的事發生時，你會感到不舒服。而當你感到不舒服的時候，你會怎麼做？

當人感到有必須幸福的壓力時，會想盡一切辦法去修復心情，有些人會做非常有益健康的事，例如運動和健行，有些人則會做很不健康的事，如過度飲酒或衝動購物，阿道斯・赫胥黎（Aldous Huxley）在《美麗新世界》（*Brave New World*）中寫道，「你需要的是一公克soma，」這種藥丸具備「基督教教義和酒精的所有優點，但沒有兩者的一絲缺點。」以我個人來說，我在心情低落時，會去聽喜歡的歌、有時甚至會跟著唱，或者我會跟妻子聊聊天，如果她剛好不在，我就去小睡一下。

另外還有些比較精細複雜的方法可用來處理持續性的負面情緒，情緒調節（emotion

regulation）的研究學者將這些方法分成幾大類。例如，你可以試著從正面角度重新詮釋發生的事。兩個小小孩的監護權都在前妻手上的離婚爸爸，可以把離婚這件事重新詮釋成上帝給他的機會，讓他有更多時間追求他的興趣。有些人或許會試著將自己從離婚這件事抽離，用外人的觀點來看同一件事，以減輕觸發事件造成的負面情緒強度。甚至有人會嘗試用未來自己的角度看待現在的自己，五年後，我還會不會這麼難過？從未來回頭看，這件事可能只像是旅途中的小小顛簸。

相反地，沒有幸福壓力的人，就不會耗費那麼多心力來修復情緒，因為他們認為偶爾心情不佳是再自然不過的事，換言之，他們對情緒的接納度較高，相信時間會治癒一切，他們是對的。雖然重新評價和自我抽離等積極的情緒調節策略有效，但人類確實天生就能從負面情緒狀態中療癒，從而復原。丹·吉爾伯特、提姆·威爾森（Tim Wilson）和他們的同事將此稱為「心理免疫系統」，好比當病毒進入身體時，生物免疫系統會開始發揮作用，當不樂見的事情發生時，心理免疫系統也會自動發揮作用。

令人驚訝的是，有多麼多的人低估心理免疫系統的力量，而高度仰賴自己土法煉鋼的方式來修復情緒，從酒精、甜點乃至購物。如果我們沒有那麼大的幸福壓力，只要讓負面情緒逗留一會兒，我們自身的心理免疫系統就會開始運作，攻擊不幸福的「心理病毒」並將之移除。幸福陷阱的這個元素把我們帶向一條用不健康方式處理情緒的潛在毀滅道路。

5. 如何跳脫幸福陷阱

幸福陷阱的第二個元素是，只要不要求太多其實就比較容易幸福。社會心理學家貝瑞·舒瓦茲（Barry Schwartz）發現了「知足」的力量。如果你經常覺得「夠好了」，換言之你是個「知足者」，一個為了夠滿意的選項而犧牲最佳選項的人，那麼你更可能對你的決定感到心滿意足。假設你是高三生，你的學業成績平均點數（GPA）幾近滿分，學科測驗（SAT）的成績也很高，你參與過各式各樣豐富的課外活動，你會想進什麼大學？或許你會想進你可能進入的最佳學校，於是你申請了十所學校。如果你是上述這樣，那麼你就是個極大化者（maximizer）。現在，假設你是個知足者（satisficer）。你大有可能進入某間常春藤名校，或者杜克之類的超級菁英學校，但你卻說：「我認為維吉尼亞大學擁有我要的一切，況且我還可以拿到州民學費減免。」於是你只申請了維大而進去就讀。

現在，假設有一位極大化者進了康乃爾大學，而一位知足者進入維吉尼亞大學。第一年結束時，誰可能比較幸福？一項研究以類似的情節為主題，發現去讀維吉尼亞大學的人，可能比去讀康乃爾的那人更幸福。這與兩所學校的優劣無關，而與替代選項的概念有關。讀康乃爾的那位申請了十所學校，意思是有九個反事實（counterfactual），如果我的ＳＡＴ再高個二十分，或許就可以進耶魯，如果我再多一項課外活動，或許就進得去普林斯頓；相反地，那位選擇維大的知足學生沒有任何反事實，因為這個人找到一所符合所有要求的學校，沒有申請其他任何學校，只要沒有替代選項，就沒有反事實，沒有遺憾。有些美國人堅信，進入菁英學校等於步上幸福人生之路，殊不知知足的心態才是更可靠的道路。如果你進不去首選的學校，別再想它了，開始尋找目前就讀學校的優點，儘管說的比做的容易，但這能夠使你更幸福些。

與追求極大化心態密切相關的「向上社會比較」(upward social comparison)是不幸福的另一個來源。網景(Netscape)的共同創辦人吉姆·克拉克(Jim Clark)在矽谷有過一系列成功的創業經驗,他向新聞記者麥克·路易斯(Michael Lewis)回憶道,起初他以為只要賺到一千萬美元就會幸福,但是之後網景非常成功,於是他覺得只要賺一億美元就會幸福,之後公司再度一飛衝天,這下子他覺得只要賺到十億美元就會幸福,於是他賺到了十億美元。現在他說:「我想要……比賴瑞·艾利森(Larry Ellison)更有錢,然後我就覺得夠了。」根據《富比士》(*Forbes*)雜誌,二〇二三年克拉克的身價為三十八億美元,賴瑞·艾利森的身價為一千五百八十億美元,我想著,儘管吉姆·克拉克成就斐然,但他不知是否有滿足的一天,就這點來說,研究人員的發現非常明確,索妮亞·柳波莫斯基和李·羅斯(Lee Ross)做出結論,不進行向上社會比較的人,比沉迷其中的人更幸福。

我們受到社交媒體上精心營造的形象疲勞轟炸,除了自己以外的每個人似乎都在享受人生最好的時光。向上社會比較很難避免,但的確是做得到的。我還記得夏洛特鎮百福中學(Buford Middle School)校長強森先生向家長和學生們說過的那個他在維吉尼亞大學讀書時的故事。住進學校的第一天，強森這位從田納西州來的非裔小孩拎著幾個裝滿東西的黑色垃圾袋，他注意到其他學生是把東西裝在行李箱裡，於是他問了他的油漆工父親：「我們家怎麼沒有行李箱？」他父親怎麼回答的？「兒子啊，跟別人不同沒啥大不了的。」當你自覺不如那些在社交媒體上炫耀的人時，不妨想想強森父親的話。跟別人不同沒啥大不了。

由於丹麥經常在世界幸福國家排名中名列前茅，於是BBC去丹麥人身上尋找幸福的關鍵。而祕訣是什麼呢？許多丹麥人表示他們對人生沒有太多期望。丹麥有一句智慧小語說道，「降低你的期望，滿足於你擁有的」。就像我的父親，許多丹麥人珍視「愜意」（hygge），也就是生活中的舒適和小確幸，以及「人生足矣」的觀點。

這是否意味著我們應該推崇知足者心態，勝過極大化者的心態？我並不這麼認為。知足者心態在人生中有個重要位置，當我買東西、做計畫或者做日常生活的決定時，我會積極使用這種心態，但這樣的心態也有缺點。舉例來說，它會使你滿足於現狀，不願去面對必要的挑戰和個人成長。這是幸福陷阱的第二部分，在你能有更多成就的地方停下腳步。勿忘《美麗新世界》（*Brave New World*）中「野蠻人」約翰發出的警告：「我寧可不幸福，也不要你那種虛假的、說謊的幸福。」

佛里德里希・尼采（Friedrich Nietzsche）定會認同約翰的宣言。尼采相信大部分的人被矇蔽了，以為必須追求幸福和品德，他在《查拉圖斯特拉如是說》（*Thus Spoke Zarathustra*）中描述人們如何被誘惑要過著幸福和品德高尚的人生：「他們會以美言，誘使我去做些小小的美德，他們會說服我的腳，踏著輕快的踢踏步走向小小的幸福。我睜著雙眼在這群人中行走，他們變小，然後更小、更小，這正是因為他們對幸福和品德的教條，因為他們的美德也是怯懦的，因為他們想要獲得滿足，而唯有平庸的美德跟滿足並列才不顯得突兀……平庸地擁抱小小的幸福，也就是他們所謂的『順從』，他們卑微地瞇眼，看不清整體，尋求另一個小小的幸福。說到底，這群傻子最想要的就是不被任何人所傷，於是他們取悅並滿足每個人。這是一種怯懦，儘管被稱之為美德。」。

尼采擁護的不是因襲傳統、簡單安適的人生，而是漫遊者的人生。尼采對他自己說道：「我是個漫遊者，也是登山者……直到此刻，你才真正步上偉大之路！高山與深谷如今連結在一起，你正步上偉大之路，迄今之前的一切終極危險，已經成為你的終極庇護所。」查拉圖斯特拉與「所有行走天涯、生活與危險相伴的人為友……你們這些勇敢的探索者、研究者，所有揚起機敏之帆，駛入驚滔駭浪中的人——你們這些醉於謎語、喜於暮色的人，你們那靈魂之笛誘人誤入每處漩渦，因你們面對威脅時不願以懦弱的手去摸索前行；凡你們能猜想的地方，就厭惡推論——我只向你們說出我親見的謎，那是屬於最孤獨者的異象。」小小的幸福和意義是危險的，因為兩者如此具有魅惑力，大部分人會在近乎不自覺之下被帶向傳統，過著和諧的、沒有衝突的人生，但對於查拉圖斯特拉來說，那是不值得活的人生。

如果你有著必須一直處在幸福狀態的壓力，請記住有時候難過、生氣或恐懼是無妨的，這些情緒為你的內在生活增添複雜與豐富的內容。如果你已經對人生滿意，你做得很好，但也不妨花上片刻反思你的知足者心態，或許人生可以不光是安適和小確幸，至少偶爾。接下來的篇章裡，我們將會看見幸福不是美好人生的唯一途徑。

第3章 意義的陷阱

你必須找到自己所愛，無論是工作還是心愛的人。你的工作將填滿生活的一大部分，因此真正獲致滿足的唯一方式，是從事你心目中的偉大工作，而從事偉大工作的唯一方法，是愛你所做。如果還沒找到這樣的工作，繼續找，別將就。就像所有要用心感受的事物一樣，找到的時候，你就會知道。

——史蒂夫・賈伯斯（Steve Jobs），二〇〇五年史丹佛大學畢業典禮致詞

1. 幸福很無聊嗎？

幸福的粉絲很多，但質疑者也不少，從斯多葛學派到古斯塔夫・福樓拜（Gustave Flaubert）皆然。福樓拜寫給路易絲・柯萊特（Louise Colet）的信中說道：「愚蠢、自私和

良好的健康，是幸福三要件，但若少了愚蠢，就一切免談。」與此類似的是，東尼．舒瓦茲（Tony Schwartz）在《哈佛商業評論》（*Harvard Business Review*）一篇題為〈幸福被過譽了〉（Happy is Overrated）的文章寫道：「那些『幸福』的人，是我認識的人當中最無趣的。」謝爾．希爾佛斯坦（Shel Silverstein）的詩作〈幸福之地〉（The Land of Happy）對幸福做出最辛辣的批判，他描述在幸福之地的每個人都好幸福，每件事都令人好高興。詩的結尾寫道：「真無聊。」

為何幸福如此被貶低？其中一個共同的批判是，幸福的人生也可能是自私的人生。現實中的許多證據顯示並非如此，例如花錢在他人而非自己身上使人更幸福，幸福的人也比不幸福的人做更多志願服務。但現在讓我們姑且假設「幸福是自私的」這項批判為真，接著問一個問題：如果美好的人生不是幸福，那什麼才是？

小說家唐娜．塔特（Donna Tartt）的說法是，「使他人幸福，甚至不惜犧牲自身幸福」，換言之，就是許多學者所謂的「有意義的人生」。人生意義通常是以重要性、目的和一致性來定義，首先，有意義的人生是有重量的人生，不光對一個人的親朋好友來說如此，對陌生人亦然，換言之，有意義的人生是為世界帶來改變的人生。第二，有意義的人生擁有明確目的，人生有意義的人，知道自己將往哪裡去，有清晰的方向感和指導原則。第三，有意義的人生，是有條不紊的人生，各式各樣的體驗都不偏離自己設定的指導原則。

對比之下，無意義的人生，是對世界來說可有可無的人生，人類學家大衛．格雷伯（David Graeber）在其著作《40％的工作沒意義》（*Bullshit Jobs: A Theory*）中主張，這世界有數百萬人將人生浪費在無意義的工作上，他對狗屁工作的定義，是做這份工作的人無法真正為這份工作的存在找到正當理由。根據格雷伯的說法，無意義的工作不光指重複性高的工廠或辦公室工作，還包括企業律師、公關顧問、電話推銷員和品牌經理。例如他認為，大多數的企業律師暗地裡相信，如果他們不存在的話，世界八成會變得更好。當然，人可以在工作之外的時候去改變世界，因此這並不意味企業律師和公關顧問過著無意義的人生，但如果你沒有為世界帶來任何正向改變，你的人生或許是無謂的。按同樣邏輯，無意義的人生沒有清晰目的，沒有清晰目的者往往渾渾噩噩過完一生。最後，無意義的人生感覺是撕裂的、支離破碎的，一個人扮演的不同角色無法拼湊成具一致性的整體。

2. 做個偉大的人？

不用說，有意義的人生聽起來比無意義的人生好太多了。因此人們說，你應該找到一個活著的理由——無論是透過事業、宗教、社會角色（例如為人父母）、科學發現或社會變革。許多人在畢業典禮致詞時都不出這些範疇，包括蜜雪兒・歐巴馬（Michelle Obama）在紐約市立大學（CUNY）的二〇一六畢業班上致詞：「做個偉大的人。替自己打造偉大的人生……還有，懇請你們，永遠、永遠要盡自己的一份力量，還要幫助別人也這麼做。」

唐娜・亞當斯皮克特（Donna Adams-Pickett）醫師做到了蜜雪兒・歐巴馬宣揚的這件事。她兒時得知，當年住在菸草農場的奶奶因難產而母嬰雙亡，留下她當時年僅十二歲的父親。聽到這故事後，她決心成為婦產科醫師，亞當斯皮克特醫師在美國公共廣播公司《新聞時間》（*PBS NewsHour*）節目上表示，過去二十年間，她在極度缺乏產婦照護的喬治亞州奧古斯塔接生了超過六千名嬰兒。她的人生肯定是有意義的，因為她有明確的目的（提供喬治亞州人民良好的產婦照護，特別是黑人女性，她們在生產前後的產婦死亡率遠高於其他人種），亦具備重要性（沒有她的照護，一些母親和嬰兒可能死亡）。家族悲劇也為她的人生歷程提供具說服力的故事與一致性。

當我們思及誰過著有意義的人生，可能會想到做過豐功偉業的人，像是唐娜・亞當斯皮克特醫師，蜜雪兒・歐巴馬或巴瑞克・歐巴馬（Barack Obama）等，那些會受邀到畢業典禮演講的人！他們都是成就非凡的英雄。但是，這些成就是如此稀有，讓人難以想像自己能立下類似的功績。就如同幸福陷阱，也存在著意義的陷阱，意義陷阱的第一個元素是，和有意義人生相關的成就如此宏大，以之為目標將使我們注定以失敗收場。

3. 人生相當有意義

意義陷阱的第二個元素是，人往往誤解其所需具備的條件。有著超大雄心壯志的英雄形象，未必與研究的發現相符。雖然許多人認為只有少數人過著有意義的人生，但調查資料顯示，事實上多數人都表示自己確實過著有意義的人生。在一份題為〈生命相當有意義〉（Life is Pretty Meaningful）的論文中，莎曼沙．罕澤曼（Samantha Heintzelman）和蘿拉．金恩（Laura King）寫到，根據蓋洛普世界民調（Gallup World Polls），九成美國人表示他們的人生有意義。

如果我們認為，有意義的人生專指那些成就斐然的英雄，怎麼可能多數人都表示自己的人生是有意義的？原因之一在於發問的方式。蓋洛普調查的措辭如下：「你覺得自己的人生有重要的目的或意義嗎？」答案為是或者非。如果說：「我的人生沒有目的，也沒有意義」幾乎等同表示自己的人生是無謂的。不認為自己人生無謂的人，可能就會回答「是」。意思是說，即使某人並不覺得自己的人生特別有意義，多半還是會回答「是」。

另一份蓋洛普調查（〈我的人生有真正的目的〉）則聚焦在目的，其中百分之二八．五的美國人「非常同意」（一到五分當中的五分），而百分之一．一的人則是「非常不同意」（一到五分當中的一分），百分之九．一的人不同意（一到五分當中的二分）。非常不同意或不同意「我的人生有真正的目的」的加總百分比，與原始的蓋洛普資料相當吻合（百分之一〇回答否 vs. 百分之一〇．二不同意）。

4. 但是，為什麼？

不過，百分之二八．五的美國人表示其人生有真正的目的，另外有百分之五四．九的人表示人生或多或少有真實的目的，依然令人印象深刻。有那麼多英雄正在改變美國嗎？或者這只是某種過度正向的錯覺？結果發現，這不單純是自我表述的偏誤。心理學家麥可．史蒂格（Michael Steger）及其同僚請參與者回答他們覺得自己的人生多有意義，此外，他也請參與者的朋友及家人來回答這位參與者的人生意義。如果自我表述人生意義的高百分比只是錯覺，則參與者親友所表述的不會與自我表述相關連。但他的發現並非如此：參與者自我表述的人生意義，的確與其親友表述的人生意義相關連，關於人生意義的自我與他人評估相關性，與測試較熟悉的人格特質如外向和神經質（傾向於過度擔憂）的研究中所觀察到的相關性類似。因此在科學上，自我表述的人生意義相當具可信度。

接著，表示自己人生有意義的那百分之二八．五的美國人，都是些什麼樣的人呢？首先，他們往往具宗教信仰；信仰虔誠的人會遵循某些教條，這些教條會幫助他們詮釋生命中艱困的處境，使他們不感到迷惑。二〇〇五年卡崔娜颶風席捲紐奧良部分區域時，許多居民努力想了解為何這種事會發生，相較沒有信仰的人，信仰虔誠者比較能在心理上處理這次災難。因此你不必是史蒂夫．賈伯斯那樣特立獨行的發明家，也能感覺自己的生命是有意義的。找到意義的其中一種方法，就是遵循一種傳統宗教過生活。

史蒂格的研究也發現，表示自己人生有意義的人，傾向於樂觀看待未來、性格外向、不神經質、親和友善、嚴謹踏實，且有高度自尊。人生的意義從本質上就是主觀的，一些備受尊敬與喜愛的得獎科學家，卻視自己的生命無意義而自殺身亡，相較之下，有些凡夫俗子卻將自己的人生與某重要使命相連。有個知名的民間傳說，約翰．甘迺迪（John F. Kennedy）曾到美國太空總署（NASA）跟一位清潔工說：「嗨，我叫傑克．甘迺迪，你在做什麼？」清潔工回答：「總統先生，我在幫忙把人送上月球！」

其次，相較不喜歡自己的人，有高度自尊的人比較可能表示自己的人生是攸關重要的；不神經質的人（不會太過操心，或不過度緊張的人）比神經質的人更可能表示自己的人生有明確的目的和方向；嚴謹踏實的人比好高騖遠的人達成更多目標，因此也比較可能感覺自己正朝向更大的人生目標前進，感覺自己的人生具有方向感、目的和意義。某種程度上，絕大多數的美國人擁有高度自尊、對未來樂觀且表示自己是外向、不神經質、親和友善且嚴謹踏實，也難怪許多人表示自己的人生是有意義的。

這些人格特質和態度以可預測的方式表現出來。人往往會選擇自己非常在意的一、兩種理想事業（例如慈善廚房、教會）、長時間在同一個地方擔任志工，透過試圖在某個特定領域中帶來改變，以此獲得意義。有些人則是從工作、家庭和社區找到人生意義，而這又回到生命中有限的明確範疇。生命意義的研究顯示，聚焦與縮限通常能使人獲致有意義的人生，這在多數情況下並不會造成什麼問題。

5. 意義帶來的問題

然而，這之中隱含著些許令人不安的意涵。假設有一位軍事監獄的守衛叫作梅森（Mason），他非常在意美國的國家安全，希望奉獻此生來保衛美國人民。他被分派到一處監獄，裡面關押的大多是恐怖主義的嫌疑犯，梅森凌虐這些可能的恐怖分子，就像在阿布格萊布監獄（Abu Ghraib）發生的惡名昭彰的虐囚案。梅森認為自己在過有意義的人生，因為他保護美國人民，從而改變世界，但這是否為美好的人生？在這個例子，或許主觀上有意義，但客觀上沒那麼美好。

目前為止，梅森這位軍事監獄人員的例子僅僅是假設。這種錯置人生意義的現象是否存在任何科學證據？近期研究發現，人生的意義被人與右翼獨裁主義加以連結，這種信念系統的定義是臣服於威權而不加批判、對違反社會規範的人生出攻擊性，以及嚴格遵守傳統價值。換言之，右翼威權主義者回報人生有意義的程度高於非威權主義者，他們從事許多公民運動——用他們的方式，而他們的主張可能非常狹隘，且可能對其眼中非我族類的人抱持敵對態度。同樣地，許多研究發現，政治保守主義者（一般所知在自己人和外人之間畫出鮮明界線者）回報人生有意義和幸福的程度，亦高於政治自由主義者。

再來想想「恐怖主義」這個終極的反社會行為。犯罪學家賽門．科蒂（Simon Cottee）認為，參與恐怖組織的一大理由，在於對終極意義的渴求。「恐怖主義團體為其成員提供身分認同與目標……這很可能是人們加入恐怖組織的動機之一。恐怖組織不僅為其新成員提供一套包羅萬象的說詞，用以理解世界及其運作方式……同時也提供新成員一套說詞，用以理解自己在這廣大世界上的位置。在這套說詞裡，生命的基本存在問題得到決定性的答案，令人為之振奮。」所以說，這些近期的發現意味著許多人的有意義人生「可能」建構在內團體偏私（ingroup favoritism）、建構在以非我族類者為代價的傳統偏狹意識之上。

6. 如何避免意義陷阱

意義陷阱與幸福陷阱同樣分成兩部分，首先，對於沒有發明什麼東西也沒有參與和平工作團（Peace Corps）的絕大多數人來說，面對要成為偉大之人的召喚時，很容易感覺自己像個失敗者。改變世界的壓力可能造成情感重擔，一如幸福的壓力。多數人偶爾都會有這種感覺。如果你覺得自己還沒有為世界帶來任何有意義的改變，想想自己是否可以透過獻身某個理想來達成意義，從自己周遭的街坊開始。給自己時間，久而久之將能帶來一些改變的。意義陷阱的第二部分是，追求有意義的人生可能會變成在宣揚某個偏狹的觀點，研究顯示，有時人生的意義是透過對一小群內團體的親善行為，以及對非我族類者的反社會行為或冷漠來獲得。如果你在狹隘的意義上過著有意義的人生，或許可以考慮把格局擴大些。

數十年的心理學研究，包括我自己的幾項研究在內，無疑確認了幸福和意義是通往美好人生的道路，且具備無數多的益處。但是若將自己侷限在這兩條道路上，會讓太多人無法觸及美好人生。獲得美好人生還有另一種方法，或許不安定、不舒適，卻令人振奮；或許不是充滿滿足感，卻高潮迭起，一路上有低有高、峰迴路轉，最終這趟旅程將帶來一個較少悔恨的人生，一個滿是冒險、玩心、率真、機緣巧合以及學習的人生。一個順其自然的，開拓少有人走的路的人生──換言之，是充滿體驗的人生。這第三條通往美好人生的路，是內在富裕，也是超越幸福和意義陷阱的途徑。

第4章 探索的人生

世界是本偉大的書，
足不出户的人只讀了其中一頁。

——據傳是聖奧古斯丁（St. Augustine）名言

1. 納爾齊斯還是歌德蒙德？

目前為止，我已經告訴你們人生獲得幸福和意義的幾個祕訣，帶來幸福的不是獲得重大勝利，而是跟摯友喝杯茶之類的生活小確幸；帶來長久幸福的通常不是豐功偉業，而是人際關係的圓滿；類似道理，人生的意義來自致力於某個所關切的理想事業，並且在選定的範疇內帶來改變。總而言之，使你更接近人生幸福和意義的是安定的人生，而非探索和變動的人生；如果人生安定的益處是幸福和意義，那麼致力探索的人生有什麼益處？

赫曼．赫賽（Hermann Hesse）是二十世紀極富影響力的德國小說家，也是一九四六年諾貝爾獎得主，他在他的幾本小說中描繪了那些膾炙人口的人物是如何奮鬥著，努力尋找通往美好人生之路。小說《知識與愛情》（*Narcissus and Goldmund*）是赫賽筆下的名著之一，二〇二〇年翻拍成電影。主角之一的納爾齊斯選擇穩定的人生，他聰明有人緣，對與世隔絕的生活感到滿足，認為信仰虔誠的簡單生活非常有意義，納爾齊斯成為一位備受敬重的亞里斯多德學派學者，也是修道院的主持人。表面上看來，納爾齊斯是成功的縮影。

在此同時，他的兒時同伴歌德蒙德則渴望走出去，決定過著漂泊藝術家的人生，他三餐不繼、無處棲身，也沒有長久相伴之人。在旅程中，他目睹無數由瘟疫造成的死亡，有回他質疑著自己的決定：「這一切合理嗎？值得體驗嗎？」不同於納爾齊斯，歌德蒙德經常感到罪咎和不幸福，彷彿人生是無意義的。最終他從一尊聖母的木雕像獲得啟發，他覺得那座神像是「難以形容的美麗」，決定成為一名雕塑家的學徒，開始雕刻屬於自己的雕像。

小說的結尾，反倒是納爾齊斯納悶著他那幸福、有意義的人生是否有所欠缺。納爾齊斯知道，在那些過著與世隔絕生活的人眼中，他的人生遠比歌德蒙德那探索與偏離道德規範的人生更加「美好、正確、安定有序，而且足堪表率」，但是納爾齊斯卻忍不住思忖，「這個足堪表率，充滿秩序與紀律的人生……真有任何地方勝過歌德蒙德的人生嗎？」納爾齊斯希望擁有更有趣的人生經歷，他的人生幸福且有意義，但完全欠缺體驗的豐富性；而歌德蒙德雖生活艱困，卻率真自然、具創造力且難以預測，換言之，是一種內在富裕的人生。根據赫賽的觀點，探索的人生即是美好人生，即使犧牲了許多幸福或意義。在這兩者之間，你會選擇過怎樣的人生呢？

2. 美學還是美德？

赫賽不是唯一在作品中表達探索之重要性的作家。索倫・齊克果（Søren Kierkegaard）在《非此即彼》（*Either / Or*）中，也如《知識與愛情》一般提出以下的兩難：我們應該追求符合美學的人生，還是具有美德的人生？這本書的寫作格式，採取一名年輕作者A與一位退休法官作者B之間的書信往來，A宣揚美學人生，或者說是美與冒險的人生，認為這種生活的關鍵是隨興所至、接受世事多變無常，人應該隨時留意出乎意料之事：「所謂的社交娛樂，人為此花上八天甚至十四天預先準備的活動，根本沒什麼有趣的。反倒是透過意外的事件、即使是最無關痛癢的事都可能帶來豐富的娛樂性。」理所當然，A反對婚姻，將婚姻形容成令人害怕的單調，永無止境的千篇一律，糟糕的停滯不前；相反地，B宣揚美德的人生，辯稱婚姻是「培養品德的學校，人之所以結婚，正是為了提升與改善自己的品格。」

A就像歌德蒙德，選擇美學、意外和「expeditus」（拉丁文，意思是輕裝待發）的人生，擁抱可能性多於責任感。

　　這些小說一再聚焦的是對探索人生的迷戀和崇拜，在詹姆斯・喬伊斯（James Joyce）的《一個青年藝術家的畫像》（*A Portait of the Artist as a Young Man*）中，史蒂芬・迪達勒斯（Stephen Dedalus）同樣選擇美學而非美德的人生。他年少時的座右銘是「過個優雅、有美德且幸福的人生」長大成人後的座右銘則演變為：「穿越艱辛，奔向星辰」（Per aspera ad astra）。無數文學作品都可以看見像史蒂芬・迪達勒斯這樣的人物，從荷馬（Homer）的《奧迪賽》（*Odyssey*）和賽萬提斯（Cervantes）的《唐吉訶德》（*Don Quixote*），到伏爾泰（Voltaire）的《憨第德》（*Candide*）和梅爾維爾（Melville）的《白鯨記（*Moby-Dick*），一直到路易斯・卡洛爾（Lewis Carroll）的《愛麗絲夢遊仙境》（*Alice's Adventure in Wonderland*）與托妮・莫里森（Toni Morrison）的《秀拉》（*Sulo*）。這些小說的主角在關鍵時刻擁抱不確定而非確定性、自由而非安全、自我表現而非責任，最終選擇離開而非留下。這些小說受喜愛的程度，告訴我們探索的人生受許多人崇拜。即使如此，這些畢竟都是虛構人物，那麼，有沒有像歌德蒙德和秀拉這樣的真實人物呢？

3. 艾莉森夢遊仙境

在一篇二〇一五年的《大西洋》（*Atlantic*）雜誌文章中，加州大學柏克萊分校的世界知名心理學教授艾莉森．高普尼克（Alison Gopnik）寫道：「二〇〇六年，五十歲的我四分五裂。」那年她的孩子離家念大學，多年的婚姻告終。她搬離她那棟「屬於教授的大房子」，到一間「老舊破爛的房間」獨居，也就在這時，她發現自己喜歡女人。然而當她與一位女性的愛情結束時，卻進入憂鬱狀態，「定義我這個人的一切都消失了，我不再是科學家或哲學家或妻子或母親或愛人。」醫師開給她百憂解、瑜伽和冥想的處方，她討厭前二者，最後一項卻一直持續做著。

高普尼克新近對佛教產生興趣，在她心中激起一個問題，這個問題帶領她進入一個猶如《愛麗絲夢遊仙境》中知性的兔子洞。隨著閱讀更多佛教哲學資料，她發現佛理與大衛．休謨（David Hume）《人性論》（*Treatise of Human Nature*）所傳達概念的類似之處，於是她開始思忖西方的啟蒙運動是否可溯源至東方思想，因而開始尋找伊波利托．德西代利（Ippolito Desideri）和大衛．休謨之間的連結。伊波利托．德西代利是曾遠至西藏傳教的耶穌會教士，於一七二八年撰寫過關於佛學的書籍，而大衛．休謨則是在一七三八年完成《人性論》。雖然她優異的研究方法和聰明的實驗設計早已使她成為知名的發展心理學家，但這項歷史研究計畫代表的是另一種嶄新的學術成就。

高普尼克參照了歐內斯特．莫斯納（Ernest Mossner）所著的休謨傳記，發現休謨撰寫《人性論》時住在法國的拉弗萊什（La Fleche），同時得知耶穌會皇家大學（Jesuit Royal College）亦位在拉弗萊什。伊波利托．德西代利那段時間是否正住在耶穌會皇家大學？當她著手解開這個問題，才發現自從憂鬱症發作後，自己第一次盼望明天的到來。

伊波利托．德西代利的人生充滿神祕感，高普尼克心中有許多關於德西代利的疑問，遠比關於休謨的問題更加難以解答。她於二〇〇七年休了學術長假，到加州理工學院度過，在那裡遇到一位十七至十八世紀耶穌會歷史的專家，這位專家告訴她，耶穌會往往將一切大小事都記錄在案，根據這個線索，高普尼克於是前往羅馬的耶穌會資料庫。離開羅馬前的最後一天，她發現德西代利曾再度造訪耶穌會皇家大學，而且當時大衛．休謨正在該處。此外高普尼克也揭開另一項他們兩人的連結，那就是一六八〇年代出使佛教暹羅的法國大使杜魯（Dolu），於一七二三年退休後居住在拉弗萊什，這解開了她的疑問：大衛．休謨在拉弗萊什時，必定讀過佛教書籍。她成功找到了東方哲學與西方啟蒙之間的連結。

高普尼克在《大西洋》雜誌上的文章結尾寫道：「事實再度證明，我是個特別幸運和幸福的女人，充滿非理性的充沛感情，每天都活在喜悅中，但這不代表我的全部，我發現我既能愛女人也愛男人，愛歷史也愛科學，我能夠自己設法度過悲傷寂寞，而不只是享受幸福……在對人類心智永無休止的好奇，以及在人類體驗永無休止的變化中，我找到我的救贖。」

高普尼克在危機時刻，面對幸福與意義同時的失落，但她並未失去一切。人生中戲劇性的變化帶來高潮與低潮，不斷轉移她看世界的觀點。結果是，她在中年時找到熱愛的新事物、知性上的全新視野以及智慧。如今她過著內在富裕的人生，珍視這樣的生活中「永無休止的變化」。

4. 史蒂夫的印度

史蒂夫．賈伯斯又是一個選擇探索人生的例子，他的生父與生母分別是阿卜杜拉法塔赫．錢德里（Abulfattah Jandali）和瓊安．席貝爾（Joanne Schieble），他之後被保羅（Paul）與克拉拉．賈伯斯（Clara Jobs）收養。他聰明卻不愛上學，喜歡跟父親待在車庫修理和製作東西，高中時的他喜歡惡作劇，還喜歡精心製作電子燈光秀舉辦派對。

賈伯斯大學中輟後，去到一處蘋果園工作，逐漸對東方靈修和ＬＳＤ產生濃厚興趣，十九歲時前往印度，花了七個月的時間尋求上師和心靈開悟。他沒有在印度開悟，反倒是罹患了痢疾，一個星期掉了四十磅體重，但他確實從這趟旅行中獲得新的觀點，幾十年後他回想道：「對我而言，回到美國反而比去印度給我更多文化衝擊，印度的鄉下人不像我們那樣使用腦力，他們用的是直覺，而他們的直覺遠比世界上其他人更加發達……在印度村莊……他們學習的是不同的事物，這些事物在某些方面有同等價值，其他方面則不太一樣。那就是直覺和經驗累積的智慧所擁有的力量。」

賈伯斯最後成為同時利用他的智力和直覺的大師。當然，他的事業並不都是一帆風順，三十歲時，他推出的麥金塔（Macintosh）電腦一炮而紅，卻在一九八五年被自己創立的公司開除；於是他成立電腦公司 NeXT，但銷售成績令人失望，在此期間，他於一九八六年一月收購盧卡斯影業（Lucasfilm）的電腦繪圖事業部，第一部主打電影《玩具總動員》（*Toy Story*）（一九九五）大獲成功，但也是花了近十年才獲得此成就。一九九七年，賈伯斯重返蘋果後創造了一連串傳奇，二〇〇一年推出 iPod，二〇〇二年是 iMac、二〇〇七年是 iPhone、二〇一〇年是 iPad。二〇〇三年賈伯斯四十八歲，醫師在他的胰臟發現一顆腫瘤。

生命接近盡頭時，史蒂夫．賈伯斯請安．鮑爾斯（Ann Bowers）來到病榻前，鮑爾斯在一九八〇年代初曾擔任蘋果的人力資源總監。他問她：「告訴我，我年輕的時候是什麼樣的人？」鮑爾斯回答：「你性子很急，很難相處，但你的遠見卻又激勵人心。你告訴我們『過程即是收穫』，結果這是真的。」賈伯斯回答：「我確實在這一路上學到一些東西……我確實學到了一些東西。真的。」賈伯斯告訴他的傳記撰寫者華特．艾薩克森（Walter

Isaacson）：「我度過了非常幸運的職業生涯，非常幸運的人生。我已盡我一切所能。」

史蒂夫．賈伯斯似乎在沒有遺憾中過世，這是內在富裕人生的一項清晰特質。

5. 國家公園的喜悅

以上故事屬於從表面上就不同凡響、成就斐然的人們，至於我們每天遇到的人，又有什麼樣的故事呢？

過去六十七年來，喬伊．萊恩（Joy Ryan）一直都住在俄亥俄州鄧肯瀑布（Duncan Falls）的同一棟房子裡。這是個只有兩處紅綠燈的小鎮，她於一九四九年結婚，在此養育三名子女。她的生活單純卻充滿不幸，丈夫於一九九四年死於癌症，十年後又失去其中兩名已經長大成人的孩子，她在雜貨店辛苦工作到八十五歲左右，與家人感情疏離，健康也每況愈下。但是，一通來自疏離的孫子的電話，打斷了她那單調乏味的人生。

當時布萊德．萊恩（Brad Ryan）三十四歲，正攻讀獸醫，一直在與心理疾病對抗的他，近來因為班上同學的自殺消息而震撼不已，於是某一天，他在香蕉麵包做到一半的時候打電話給祖母尋求建議。歷經十年的疏離後，他近期才剛開始和祖母聯絡。

布萊德在這通電話中獲知驚人的事實：喬伊在她八十五歲的人生中從未見過山或海，更別說是冰川、沙漠、野牛或鯨魚了。這通電話給了他們靈感，決定到山上旅行。最初的計畫是在大煙山（Smoky Moutains）進行為期二十八天的露營，之後演變成巡遊美國境內各大國家公園的和解之旅。旅程並不是只充滿美好，布萊德父母離婚離得很難看，讓布萊德和喬伊之間有了裂痕，但兩人在途中相伴的時光裡解決了過去的矛盾，也創造了共同的奇妙經歷，包括在黃石公園被一群野牛困住、在加州海灘外的海峽群島（Channel Islands）看座頭鯨在他們的船前跳躍，還有搭乘直升機飛越阿拉斯加冰河。喬伊還成為了在西維吉尼亞州新河狹谷國家公園（New River Gorge National Park）溜滑索的最年長者。

觀看布萊德和喬伊接受美國公共廣播公司《新聞時刻》（*NewsHour*）的訪談，你會不由得注意到他們在敘述自己的探險歷程時眼中閃現的奇蹟火花。短短九年前，喬伊還過著平淡無味的生活，與布萊德感情疏離，與憂鬱奮戰。喬伊過去的人生完全談不上內在富裕，以下引述她的話：

很難想像，你在外面能找到的所有美麗、神奇的事物……簡直就是奇蹟，對我來說每分每秒都是享受……在我變得更老之前，給了我能坐下來講給別人聽的故事。

如今高齡九十四歲的喬伊擁有好多好多故事可以說，這些故事都關於她那不可思議的富裕人生——內在富裕的人生。

6. 計程車司機

二〇二二年三月十一日，我搭計程車從位於加州河濱市（Riverside）的下榻飯店到機場，途中司機（以下稱她為琳達）講述了她精彩的人生故事。她曾經在某個郡政府工作，幾年前退休了。她兼職開車打發時間，同時賺點外快，她問我為什麼來河濱市（答案：參訪加州大學河濱市分校），我做什麼工作（答案：當時在維吉尼亞大學擔任教授），接著她聊起剛搬到河濱市的小女兒，接著是其他孩子，其中一人住在華盛頓特區。她問我成家了沒（答案：成家了，有兩個孩子），她說她有四個孩子、七個孫子，其中兩個還是她生的，等等！她生過自己的孫子？我簡直不敢相信自己的耳朵。她解釋道，她分別在五十二歲和五十五歲時做過女兒跟女婿的代理孕母，經由體外受精（In Vitro Fertilization, IVF）的技術將女婿的精子和女兒的卵子植入而懷孕，她這麼做是因為女兒的身體狀況欠佳，若懷孕和分娩會有生命危險。

琳達告訴我這故事時泫然欲泣，她以剖腹產生下這兩個孫子，還親自餵哺母奶，當我問她會不會感覺他們是自己的孩子，她承認儘管七個孫子女對她都是特別的，但她和兩個親生的孫子仍有著不同的感情。

接下來，她的故事甚至更加有趣了。她提到她曾經捐了一顆腎臟給她前夫，我說她一定是個極端無私的人，她回答她才不是，單純只是因為這是對的事。她的回答讓我想起艾比蓋兒・馬胥（Abigail Marsh）對極度無私者的研究，她發現他們往往對自己的善行輕描淡寫。琳達解釋，要是沒有她先生（現在是前夫）所提供的安定生活，她就不可能養育四個孩子成為非常成功的人，在他們認識前，琳達十八歲已經有了四個孩子當中的兩個（雙胞胎！），把一顆腎臟給他是對的事。

她繼續歌頌起加州，加州的山、沙漠和海洋，說她喜歡退休生活，能夠一年花兩三個月旅行，她才剛去法國三個月回來，前一年則在越南、寮國和泰國待了兩個月。她年紀輕輕就退休了，因為她不是為了工作而活，當她擁有的已經夠了，她就想要享受人生：加減做點事，打造她想要的生活。她每天都會跟四個長大成人的孩子說說話，也經常互相拜訪。

我心想，多麼有趣的人生啊。琳達或許並不非常有錢，但她在心理和體驗上卻是富有的。我認為說她是幸福的、過著有意義的人生也並不為過。儘管早年曾是辛苦的單親媽媽，現在她似乎同時在三個維度上過著她的人生。

第5章
內在富裕的元素

每天讀點別人不讀的書；每天思考些沒人思考的想法；每天做件沒人笨到會去做的事。老是跟大家一樣，對頭腦不好。

——克里斯多福．莫勒（Christopher Morley）

1. 葛瑞絲和瑞秋的豐富週末

如果探索的人生往往帶來內在富裕的人生，那麼內在富裕的構成元素究竟是什麼？什麼樣的經驗能增加心理豐富性？什麼樣的經驗在心理上是貧乏的？

為了得到答案，我在二〇一五年九月舉行兩個焦點團體會議，其中一個由我的大學部研究助理組成，另一個則是我的研究生和維吉尼亞大學的博士後研究員。首先，我要他們回想上個週末，想想他們做過的事，接著我問其中的什麼事最幸福，絕大多數人回答最幸福的是跟朋友或家人出去玩；我又問什麼事最有意義，絕大多數人的答案與幫助他人有關，如參加宗教服務或擔任志工。最後我問最讓他們在心理上感到豐富的事情是什麼，我解釋道，這樣的事情不光是本身令人幸福或感到有意義，而是特別的、有趣的。

葛瑞絲和瑞秋給出的回答最令人難忘。葛瑞絲是來自華盛頓特區近郊的大二生，她在週末跟朋友去看了生平第一次的職業摔角比賽，她原本預期會看到千篇一律的假暴力場面和老套的戲劇效果，讓她驚訝的是，最後她卻發現職業摔角手足以成為啟發孩童的模範，因為世界摔角娛樂（World Wrestling Entertainment, WWE）投注大量心力在兒童慈善事業上。她笑著、喝采著，感到激動不已，最後發現自己被這次體驗深深感動，除了第一次觀賞摔角比賽的新奇感，觀點上的意外改變也使這次經驗比起一般的出遊豐富許多。

瑞秋也是維大的大二生，來自維吉尼亞州的中部，那個週末她在公寓的交誼廳遇到一件不同尋常的事。有個年輕男生（多半也是維大的學生）在用筆電寫東西，奇怪的是他沒穿上衣。交誼廳裡並不怎麼溫暖，他似乎也不是為了炫耀身材，畢竟他的體格並不特別健壯。瑞秋感到不解，不明白為何這個人要光著上身在公共區域工作。

在你看來，哪個人的經驗比較具有心理的豐富性？是葛瑞絲的摔角賽，還是瑞秋遇到的赤膊男？葛瑞絲和瑞秋的經驗都具備新奇和出乎意料的元素，葛瑞絲從沒看過職業摔角賽，瑞秋也從沒見過普通男人在她公寓的交誼廳打著赤膊用電腦，兩者當然都是有趣的經驗，但算是豐富嗎？首先，葛瑞絲體驗到了興奮、喜悅、恐懼、憤怒和驚訝等各種不同的強烈情緒，而瑞秋只經驗了小小的驚訝和擔憂。因此葛瑞絲的摔角賽經驗，在情緒的複雜度上遠高於瑞秋。其次，葛瑞絲抱著對世界摔角娛樂比賽的成見去參與這次經驗，結果帶著不同的觀點回家，得知世界摔角娛樂支持反霸凌的運動，也有許多孩子崇拜摔角選手。換言之，這次經驗改變了葛瑞絲的觀點。相對而言，瑞秋的經驗新奇且不尋常，但沒有改變她任何方面的觀感。整體來說，兩個焦點團體顯示心理豐富的經驗不僅牽涉到新奇感，亦包括強烈度、複雜度和觀點的轉變。

2. 通過詩，找到內在富裕的一天

既然我們已經明白是什麼使得週末外出行能帶來心理的豐富性，那麼內在富裕的一天呢？心理豐富或貧乏的一天是取決於什麼？還有與此相關的，是什麼因素造就了幸福或有意義的一天？

瑞蒙．卡佛（Raymond Carver）在其詩作〈幸福〉（Happiness）中描述他早晨的例行公事。他拿著咖啡坐在窗邊向外望，看見送報的少年跟朋友一起朝著他家的車道走來，面帶微笑：「這是幸福，來得出其不意。而且真的，任何與之相關的清晨話題都相形失色。」卡佛在這平凡的一幕中發現幸福。這是個意料中一再發生的場景，卻也突如其來且稍縱即逝，一不留心就可能錯過。幸福的一天來自注意到一件暖心的事，和朋友同聲大笑，以及卡佛在詩中所說的，不去想到死亡、野心、愛情或任何太深奧的事。

什麼是有意義的一天？這問題比較難回答。但當你把問題反過來，問什麼是沒有意義的一天時，突然間就變得比較容易了。無意義的一天是白白浪費的一天，是完全不知所謂的一天。就像聽一場演講，聽到的都是你早已熟知的內容，無意義的一天對你的人生沒什麼助益；有意義的一天則相反，是有重點的一天，你完成了某件事，或許是寫了一封信，幫助了某人，洗了衣服或做了運動，你把某件事搞定了，這一天沒有白過。即使沒有做太多什麼，或許你只是獲得亟需的休息，為又一天的辛苦工作做好準備。有很多方式能讓一天變得有意義。

和卡佛一樣，珍．肯楊（Jane Kenyon）亦在詩作〈不同〉（Otherwise）中寫到她的日常例行公事。她起床，吃早餐，吃中餐，睡午覺，吃晚餐，去睡覺。平凡無奇，唯獨她本可能起不了床、沒辦法做這所有例行公事。在〈不同〉中有許多反事實，事情有可能糟很多，使這樣典型的一天變得可貴。顯然她珍視著自己平凡的生活。有意義的一天不光是指收穫豐碩的一天，也可以是你珍惜的一天，因為「總有一天，我知道，事情會變得不同。」

內在富裕的一天是什麼樣子呢？瑪莉．奧利弗（Mary Oliver）的詩作〈野鵝〉（Wild Geese）告訴我們，我們不必極為美好或善良，絕望是人生的一部分，「不重要」是存在的一部分。即使如此，她鼓勵我們效法野鵝，「世界對你的想像敞開。」世界有這麼多可供我們探索：「嚴苛且充滿激情」。內在富裕的一天是當你體驗一件不熟悉的事，產生喜怒哀樂等不同情緒，對人生獲得嶄新的觀點。

3. 內在富裕的一天

我思忖著，根據我在詩句中找到的幸福的一天、有意義的一天以及內在富裕的一天的關鍵因素，是否真的能讓一般大學生的日子變得幸福、有意義或心理豐富。崔惠元（Hyewon Choi）和我請兩百多位大學生在十四天當中，每天記錄自己做過的事、擁有的感受，最後回收二千六百多份報告。除了問到關於幸福、意義和心理豐富性的問題，也問到他們每天過得有多典型或非典型、從事多少例行活動、有多少空閒時間，以及是否做了些新鮮事、認識新的朋友或者嘗試以前沒吃過的新東西。此外，我們也讓他們參照一份活動清單，請他們回答是否從事了做志工、聽音樂會、健行、玩電玩等活動，這些每日報告讓我們對學生們如何度過一天有了足夠清楚的概念。

我們首先發現的幾個共同因素，跟福祉的三個面向全都相關。做新鮮事、嘗試新食物或認識新朋友等事件不僅提升心理的豐富性，也增進幸福和意義。換言之，多數學生在做了新鮮事、嘗試了新食物或認識了新朋友後，表示自己的一天比較幸福、有意義而且豐富。

第二，我們發現內在富裕的一天具備一些獨特的可預測因子。舉例來說，非典型的一天比典型的一天更具心理豐富性，但是非典型的一天不會比典型的一天幸福。有較多自由時間的一天，比較少自由時間的一天更具心理豐富性，相對之下，自由的一天不會比較少自由的一天更有意義。最後，有較多工作必須做的一天，比較少工作必須做的一天更幸福也更有意義，也就是說，**完成一些什麼事使一整天變得更幸福且有意義，而做件特別的事則讓一整天變得心理上更豐富**。無論是來趟葡萄園小旅行、在城鎮的陌生地帶走走逛逛、看場棒球比賽，或者打電話給小學同學，做件平日不做的事，比做每天做的事情更有趣，也更具心理豐富性。

後續的分析也顯示，幸福的一天是參與者體驗許多正向情緒，且沒有感到太多負面情緒的一天。相對之下，內在富裕的一天則是比普通的一天感受較多情緒，無論是正向或負面的。例如，如果你是自由派，收看福斯新聞（Fox News）或許會讓你不開心，卻也會比看CNN或其他跟你觀點接近的頻道更有趣。

4. 出國留學！

如果新奇、複雜性和觀點的改變是內在富裕的關鍵元素，出國留學必定在心理豐富事件中名列前茅。畢竟出國念書就是讓自己置身不熟悉的文化，感受不同的風景、習俗和規範——換言之，嶄新的生活方式。這在許多層次上都令人興奮，也具挑戰性。

根據國際教育機構（Institute of International Education），二〇一八至一九學年，共有三十四萬四千零九十九名美國人出國留學，由於全球疫情，二〇二〇至二一學年出國留學的美國人總數下降近九六%，為一萬四千五百四十九人，這說明有多少大學生在新冠疫情期間被剝奪了探索的機會。

出國留學很花錢——機票、住宿、新衣服。因此，社經地位較低的學生比較難以參與，要不是獲得國際扶輪社的獎學金（替我支付全額學費、住宿、教科書、來回機票，甚至是一個月的暑期英文課！）我是無法靠自己的力量出國留學的。拿到這筆獎學金時，我詢問我的大學指導教授原教授（Professor Hara）該去哪裡，他對美國的文理學院（liberal arts college）相當激賞，於是推薦了緬因州的三所學校，他認為我在這些學校看不到其他日本學生，最能把英語學好。一九九一年七月，我從東京啟程前往紐約市，在史泰登島的華格納學院（Wagner College）待了一個月學習英文，八月飛到緬因州的波特蘭，院長詹姆斯．李斯（James Reese）來接機，親自載我到劉易斯頓（Lewiston）的貝茨學院（Bates College）。三十多年後，我仍記得那溫暖的午後我們在車裡的交談：「你最喜歡什麼音樂？」李斯院長問。「爵士樂，」我說。非裔美人的李斯院長回答：「我也愛爵士樂！」他接著問：「你最喜歡哪位音樂家？」不知為何在那當下，我一時想不起查理．帕克（Charlie

Parker）和麥爾斯．戴維斯（Miles Davis）之類最響亮的名字，我停頓了好一會兒回道：「比爾．伊凡斯（Bill Evans）。」李斯院長立刻說：「少來了！（Get out of here!）」我很害怕。我以為他要我立刻下車。接著他解釋說，之前有個日本學生最喜歡的音樂家也是比爾．伊凡斯！

我不記得太多在東京時和教授、院長甚至朋友交談的內容，倒是對留學期間發生的許多事依然記憶猶新。舉例來說，我跟麥克同住一間寢室，我經常接起電話，聽見：「麥克在嗎？」我說：「不在。」接著電話另一頭通常會說：「可不可以跟他說某某人打電話來？」當時我還在學英文，老是搞不清是誰，所以我得問：「可不可以請你拼出來？」好讓我逐字母寫下。

有天我接到一通電話，於是按照老方法回應，當我問來電者的姓名時，他拼道：「H-I-S-F-A-T-H-E-R。（他的父親）」

我重複：「H-I-S-F-A-T-H-E-R？」

「是的。」

「好的，謝謝。」

我掛上電話，直到寫下來才發現是麥克父親打來的！我當然知道「他的」（his）和「父親」（father），只是在電話裡聽不懂那些字，那時我的英語聽力程度非常低。真丟臉。事實上我真沒遇過更丟臉的事了，但這個小插曲使我明白，在美國有很多移民經歷過類似丟臉的事，在日本許多沒那麼幸運的人們也是如此。

直到「他的父親」事件前，我沒想過我作為交換學生的經歷竟然跟美國的移民類似，在那之前我完全不認為自己是其他移民的一員。當然我在留學期間有許多很棒的經驗，像是到阿卡迪亞國家公園（Acadia National Park）和瑪莎葡萄園（Martha's Vineyard），在那裡生平第一次看到岩石海灘和燈塔。這些各式各樣意想不到的經驗和不同於平常的情感，使出國留學極度具有心理豐富性，從長遠來說非常有收穫。出國旅行同樣新奇有趣，但觀光客很少能和當地人有真正的互動，實際在國外生活的挑戰性多很多，激起的各種情緒也更廣泛。簡單來說，內在富裕需要許多組成元素，不只是新奇，還包括挑戰和觀點的改變。

考慮上述，我和詹姆斯·庫爾茲（James Kurtz）找來一些正出國留學一學期的學生，以及一些對出國有興趣卻仍留在校內的學生，每星期，國外的參與者和留在校園的參與者都要完成一個簡短的調查，類似於本章先前描述每天的日記調查。學期剛開始，出國留學的學生和在校學生在幸福、生活意義和心理的豐富程度上近似，十三個禮拜後，出國留學的學生表示在心理上的豐富程度高於在校學生，不過在幸福和生活意義上則沒有差別。

怎麼會這樣呢？我們深入檢視每週報告，發現出國留學的學生從事藝術活動（例如去聽音樂會和參觀美術館）、購物、派對和小旅行的可能性遠遠較高，他們比起留在校園的學生，更不會去從事社團聚會、運動賽事、電玩遊戲或志工活動。分析顯示他們從事愈多藝術活動，在學期末表示生活愈豐富，其他活動最終與心理的豐富性較無關連。或許相較購物、派對或小旅行，藝術活動更能挑戰你去擴充自己的觀點。

5. 苦中帶甜

蘇珊．坎恩（Susan Cain）在其暢銷著作《悲欣交集》（*Bittersweet*）中聲稱，「光明與黑暗、生與死——苦與甜——永遠都是配成對的」，此外她認為，悲痛和渴望等負面情緒「使我們完整」，主張負面情緒在情緒生活中扮演核心角色，使我們更有同理心，甚至更有創造力。類似情形，我認為負面情緒如傷心和渴望，再加上正面情緒，使我們的人生在心理上更加豐富。

情緒的複雜度在內在富裕上扮演何種角色？我們在六項研究中探索了正面和負面情緒在幸福、意義和內在富裕的角色。在所有六項研究中，凡是過著幸福人生的人，都體驗到許多喜悅、滿足和愉快，但不常有難過、憤怒和恐懼；過著有意義人生的人，與幸福人生的人相當類似，正面情緒多於負面情緒。有趣的是，過著內在富裕人生的人體驗許多正面情緒，同時也體驗相當多的負面情緒。

在最後的實驗中，我們測試能否設法讓人感到過了比較豐富的一週。有些參與者寫下過去七天經歷過最美好和最糟糕的事，有些參與者則寫下最好以及次佳的事，之後，他們評估在過去一週的生活，反省他們所寫的內容是否讓他們對自己和對世界的看法有所不同（換言之，觀點的改變）。我們發現相較寫下兩件正向事情的人，那些寫下最好和最糟事情的人，表示有較大程度的觀點改變；簡單來說，寫下最糟的事情，提高了觀點改變的可能性。最重要的是，觀點改變程度愈大的人，也表示自己的生活在心理上愈豐富。有趣的地方在於當他們回報的觀點改變程度愈大，同時也回報他們愈不幸福。這就好比恐懼和忌妒之類的負面情緒為書本和電影添加戲劇效果，最糟的事能導致觀點改變，使參與者的生活更具心理豐富性。

6. 總而言之

那麼，內在富裕的元素到底是什麼？本章所舉的例子，從葛瑞絲觀賞世界摔角娛樂比賽到非典型的一天，乃至出國留學一學期，具備幾個共通的元素，**新奇性**：有些不同於窠臼的東西。**多樣性**：各種各樣的關注對象和情緒。**挑戰**：生活比平常更加艱苦複雜，**值得回憶**：生活是生氣蓬勃的。最重要的是，**學到新東西**，你獲得某些新的觀點。這些全部加起來，我們的發現可以繪製出一幅清楚的圖案（詳見第一章的表一）。讓生活變得單純，以擁有可靠的正面情緒或滿足感，是幸福的關鍵；以慈悲心將生命奉獻給他人是意義的關鍵；體驗不尋常的事物、挑戰自我、學習新東西——儘管有時難免有挫折和不愉快——是內在富裕的關鍵。

第6章 誰才是內在的富翁？

與其死得富有，不如活得豐盛。

——山繆．強森（Samuel Johnson）

1. 量化內在富裕的生活

喬伊．萊恩和琳達的人生固然充滿趣味，同時那種生活也是與眾不同的。那麼，擁有內在富裕人生的凡夫俗子常見嗎？有沒有任何科學證據顯示，其實有為數不少的人正過著內在富裕的生活？我們的實驗室著手將人們生活中的心理豐富性量化，以判斷其究竟有多普遍。

我們發現要評估一個人到了生命盡頭時的人生，有個很有用的工具，也就是訃聞。每篇訃聞都述說著一個生命故事，透過分析訃聞的內容，我們或許可以了解一個人的生命有多幸福、有意義和內在有多富裕，透過將數百份訃聞的不同生命特點編寫成程式碼，就能涵蓋各式各樣的人，從執行長和政治人物，到音樂家和運動員。

二〇一六年六月，我們請三位研究助理閱讀刊登在《紐約時報》的一百零一份訃聞，並且使用十二個不同主題來評分。他們在未知我們的假設之下，從幸福、有意義和內在豐富性等三方面對每篇訃聞所描述的人生進行評分。首先我們提供評分者關於幸福人生（感到安適、滿足和喜悅的人生）、有意義的人生（貢獻並改變社會的人生）以及內在富裕的人生（遭逢五花八門、非比尋常經驗的人生）這三者的清楚定義；接著，我們請他們替每個人的人生就一到五分評分，並且回答：「這個人的人生有多幸福？」「多充實？」以及「多有趣？」我們先檢查三位研究助理的評分是否具有一致性，之後再分析資料。

首先，在這些被側寫的人當中，過著幸福、有意義或是內在富裕人生的人數各有多少？

三位評分者必須在四個項目中平均至少給出三・六七分（滿分五分），才能被歸類為以上任一者，門檻可說相當高。根據這個標準，《紐約時報》該月的一百零一份訃聞中，共有十五人經歷了內在富裕的人生、三十二人是幸福的人生，另外三十二人是有意義的人生（詳見圖一）。總括來說，幸福人生或有意義人生的人數，多於內在富裕的人生。

我們也檢視這一百零一人當中，有多少人**同時**過著幸福、有意義而且內在豐富的人生，其中兩人符合條件：尼可拉斯・克林區（Nicholas Clinch，律師、登山家、曾任塞拉俱樂部〔Sierra Club〕董事）以及塞門・拉莫（Simon Ramo，工程師、發明家暨作家）。正如下頁的圖一所示，十人過了豐富且有意義的人生，八人過了幸福且有意義的人生，三人過了豐富和幸福的人生。遺憾的是，共有四十一人的人生被評為不幸福、沒有意義且心理上也不豐富（當然，或許是他們的訃聞本身沒提及與評分相關的內容）。

儘管如此，《紐約時報》的訃聞往往是些有來頭的人，像是拳王穆罕默德・阿里（Muhammad Ali），他們的人生肯定無法代表普羅大眾。因此，我們的下一步是請來另外三位研究助理，替維吉尼亞州夏洛特鎮的地方性報紙《進步日報》（*The Daily Progess*）上二

○一六年六月至八月間刊載的一百一十六份訃聞編碼，這次我們一樣先確認評分的可靠性，再分析資料。

這些維吉尼亞人當中，有多少人被視為有過內在富裕的人生？採用相同標準（在一到五的評分中，平均分數為三．六七或更高），結果一百一十六人當中只有五人（百分之四．三）符合條件。在《進步日報》訃聞中的主角，過著內在富裕人生的可能性真的比較低嗎？可能這些人的人生比起《紐約時報》上的都會人較不具冒險性？另一種解釋是，《進步日報》刊登的訃聞長度比《紐約時報》的短，可能遺漏掉了某些有趣的細節；另一方

圖一：《紐約時報》的訃聞調查
過著幸福、有意義或內在富裕人生的人數

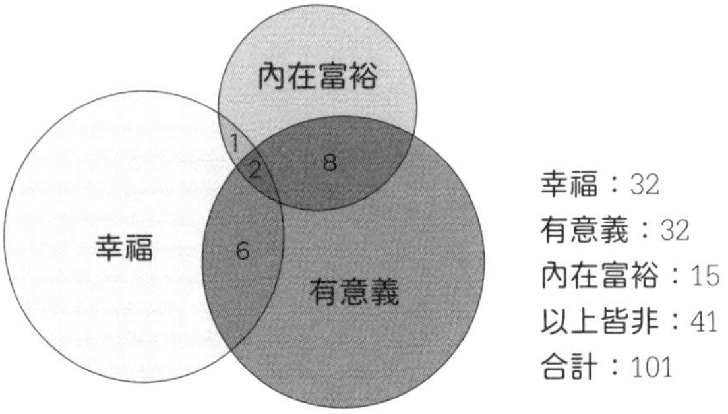

面，值得注意的是其中有六十六人（占一百一十六人中的五六．九％）被評為曾有過幸福的人生，並且有九十六人（八二．八％）被評為曾有過有意義的人生；有一個人同時擁有幸福、有意義而且內在富裕的人生，那就是亨利．聖達爾（Henry Saint Dahl，布宜諾斯艾利斯出身，曾任美洲律師學會〔Inter-American Bar Association〕祕書長，著有西班牙語和法語的法律辭典）。

儘管以上的發現很有意思，《紐約時報》和《進步日報》刊登的訃聞以美國人為主，我們想知道，是否美國以外的人過著心理上更加豐富的人生？我們又請了兩位研究助理，針對新加坡的《海峽時報》（*The Strait Times*）刊載之一百一十一篇訃聞進行調查。這份報紙上有多少人被評為曾經擁有內在富裕的人生？四十人。換言之，在《海峽時報》上的訃聞主角中，三四．五％的人曾經擁有內在豐富的人生，遠多於前述兩份報紙；在此同時，二十五人（二一．六％）被評為曾擁有過幸福的人生，六十五人（五六．五％）被評為曾過著有意義的人生，八人（六．九％）被認為幸福、有意義與內在富裕三者兼具，其中包括貝聿銘（I. M. Pei，建築師）與杜祥和（Tow Siang Hwa，婦科醫師兼牧師）。我們的調查顯示出有相當多人過著內在富裕的人生。

於是，我們要回過頭來問：少了幸福和意義，還可能擁有美好的人生嗎？舉例來說，歌德蒙德的人生在幸福和意義上可能獲得低分，但在內心的豐富性上獲得高分；訃聞研究顯示美好人生的三種形式具有相對獨立性，說明沒有幸福或意義，依然可能過著內在富裕的人生，在《紐約時報》訃聞之列被評分為擁有心理豐富人生的十五人當中，我們發現共有四位在幸福或意義的缺席下過著內在富裕的人生。

此外，我們從《紐約時報》的訃聞中發現了被評為過著豐富且有意義人生的八個人。史帝夫·賈伯斯就是真實案例，他性格易怒，與許多身邊的人關係疏離，他或許沒有過著幸福的人生，擁有的卻是有趣的人生，充滿冒險與學習，他的人生在幸福方面或許會得到低分，但在意義和內在豐富性斬獲高分。

同樣重要的是，確實真有許多人過著內在豐富、幸福又有意義的人生，艾莉森·高普尼克的後中年危機生活就是如此。計程車司機琳達的人生也是如此。總括來說，我們的研究證實探索的人生確實是一種美好人生，一種內在富裕的人生。但此研究也說明同時擁有美好人生的二或三個維度，是可能的。

2. 用五分鐘搞懂五大人格特質

擁有內在富裕人生的人是否具有某些人格特質，使他有別於那些過著幸福或有意義人生的人？為了回答這個問題，我們需要先了解人格心理學的基本概念。我曾教過一門人格心理學的入門課，可以用五分鐘為各位講解五大人格特質。

先來點歷史。一九三六年，心理學家高爾頓．奧爾波特（Gordon W. Allport）和亨利．奧德柏特（Henry S. Odbert）著手搜尋一九二五年韋氏（Webster）出版的《新國際辭典》（*New International Dictionary*），找出所有用以形容人格或個人行為的字眼。他們從大約四十萬詞條中找到了一萬七千九百五十三條針對個人的形容詞，相當於所記錄之英語詞彙的四．五％。人格經常被定義為思想、感覺和行為的「特有」（characteristic）模式，因此研究人員排除了所有關於暫時狀態的字眼，像是「狂暴」（frantic）和「欣喜」（rejoicing）。奧爾波特和奧德柏特也將人格和所謂「品格」（character）這個詞所帶有的道德、評價概念區分開來；他們的理念是，為了建立起人格心理學的科學領域，需要免除價值判斷、相對中性的詞彙來避免偏誤，因此他們排除了所有品格評價方面的用語，像是：「優秀」、「尚可」和「平庸」。奧爾波特和奧德柏特最後得到四千五百零四個「純粹的」人格特質英語字彙；換言之，根據這部辭典的處理手法，他們發現有四千五百零四種不同的方式可用來形容一個人的人格。

但是，為什麼要仰賴文字來闡明內在的特質呢？奧爾波特和奧德柏特主張：「若非有許多人類事實上是自私自利、好鬥或膽怯的，這幾個形容詞當初就不會在語言中找到永久的位置。如果某種特質真正存在，為其命名就是自然合理的。」反過來說，如果某種特質的名稱存在，與其相應的行為、思想或感受也必定存在。

有些人批評奧爾波特和奧德柏特的研究，認為納入了太多同義字。舉例來說，這份純粹人格特質清單包括了「adventurous」（有冒險精神）和「venturous」（大膽）。這是兩種不同的人格特質嗎？（不算是吧。）還有些人主張，有很多像是「aery」（譯註：飄渺的）和「breme」（譯註：知名、光彩奪目的）等字為過時的字眼，大部分的人並不使用。（這些字確實不怎麼有人在用。）亦有些人主張不同個人遣詞用字的差異很大，以及應該移除晦澀難懂的字眼（大概是正確的。）撇開以上批評不談，奧爾波特和奧德柏特早年將人格特質字彙分門別類的努力也沒有白費，奠定了後世對於人格的「詞彙研究法」（lexical approach）。

之後，曾有心理學家請大量參與者使用多個奧爾波特和奧德柏特整理出的原始用語來替自己評比，再應用因素分析的統計技巧，將用語分成較大的群組，即「因素」。例如路易斯・哥德堡（Lew Goldberg）請一百八十七名學生用一千七百一十個詞語替自己評分：「你通常有多歡樂？你通常有多保守？你通常有多虐待狂？」等等。

哥德堡和其他類似的研究發現，許多人格特質可以輕易歸類成以下五個因素：外向性（例如：歡樂、多話、愛社交、活躍）；神經質（例如：敏感、易擔憂、自我批判）；嚴謹性（例如：有毅力、整潔、可靠）；親和性（例如：慷慨、親切、容易信任人）以及經驗開放性（例如：精通文藝、有洞察力、感知敏銳）。就某種意義上，人格心理學家創造了一幅地圖，就像世界各地有無數城市和鄉鎮，亦有無數多的字可用來描述人格；藉由將這些字分成五大因素，人格心理學家基本上將它們整理成有如地圖上的「大陸」。這些因素即是著名的「五大人格特質」（Big Five），是一九八〇至一九九〇年代初人格心理學領域最具影響力的發現。

3. 內在富裕者的人格特質

週末會去看職業摔角賽的那一類人，跟會避開這類活動的那些人應該屬於非常不同的類型；選擇出國留學的那一類人，可能和不留學的人個性相距甚遠。內在富裕者是否也存在明顯的人格特質？如果是，那麼跟內在豐富人生相關的五大因素又是什麼？

為了回答這些問題，我們從來自美國、韓國和印度的七個分別樣本共計五千多個回答收集資料。我們詢問他們關於內在富裕人生的一系列問題（例如：「我有過很多有趣的經驗」、「在我臨終前，我可能會說『我這一生見識了很多，也學到很多。』」請詳見附錄一的完整列表，算出你自己的內在富裕分數）；關於幸福人生的一系列問題（例如：「我對我的人生感到滿意」、「目前我已經得到此生想要的重要東西」）以及關於有意義人生的一系列問題（例如：「我很清楚是什麼使我的人生有意義」、「我的人生有著明確的使命」）。此外，我們也問及回答者的性格：以下每個字與你平時性格的貼切程度：富有想像力、井然有序、多話、有同情心、神經緊繃等。

內在富裕的人生有兩個主要的人格預測因素，那就是經驗開放性以及外向性（詳見附錄二的所有相關性）。經驗開放性和心理豐富性的相關性為○．四七，類似於父親身高和兒子身高的相關性，換言之相關性頗高，但遠遠不是絕對。也就是說，心胸開放的人傾向過著內在豐富的人生，就像父親是高個子，兒子也傾向是高個子。但正如有些兒子的身高和父親差很多，這裡也有許多例外：經驗開放性低的人過著內在富裕的人生，或者經驗開放性高卻不是過著內在富裕的人生。在目前的討論中，讓我們先聚焦在經驗開放性和內在富裕之間的連結。

為什麼對體驗持開放態度的人，比較有高機率過著心理豐富的人生？態度開放的人富有想像力、充滿好奇心，且對知性和藝術的追求感興趣；開放性低的人較因襲傳統且踏實，偏好既定作法，對知性或藝術的追求較不感興趣。對體驗持開放態度的學生，比開放性低的學生更可能出國留學，而出國留學也是一般認為能提高心理豐富度的活動；有趣的是，出國念書的人，在經過一段時間後，會變得比起沒出國留學的人更願意嘗試各種體驗。根據這項資訊，我們的結論是經驗開放性和內在富裕之間存在著交互關係：開放性使人更可能從事提高豐富性的活動，後者又回過頭來將開放性進一步提高。話雖如此，你的性格並不是你的命運，本書稍後幾章專門探討任何性格的人都可以採行的策略，邁向更加內在富裕的人生。

〇．四七的相關性也意味著開放的人格未必保證將會擁有心理豐富的人生。第四章提到的那位九十四歲且熱愛國家公園的喬伊．萊恩，她或許一直對嘗試新事物抱持開放態度，但直到八十五歲前都還沒有很多機會去探索世界；而當她親臨大煙山國家公園，她就迷上了嘗試更多新體驗，想造訪所有國家公園。換言之，性格開放的人只要擁有機會和資源，就會樂於接受令內在變得富裕的體驗。

除了機會和資源，知性和藝術能力也是相關因素。太空工程師賽門・拉莫在《紐約時報》上的訃聞，被評分為具高度的內在富裕，他在加州理工學院（California Institute of Technology）取得物理學和工程學博士，之後開發了洲際彈道飛彈（ＩＣＢＭ），一生出版過六十二本書，三十歲前就擁有二十五項專利，一百歲時拿到最後一項專利，最後於一百零三歲過世。賽門一開始在大公司工作，但漸漸厭惡起大公司的官僚作風，於是在一間前身是理髮店的空間開起自己的公司，在那裡開發出ＩＣＢＭ的原型。他感興趣的還有許多其他主題，包括網球策略——後來也針對該主題寫了一本書。他有很強的幽默感，被問到政治傾向時，他回答：「我可是個註冊在案的投機分子。」拉莫對世界的迷戀裝不進特定的信念系統。他的興趣廣泛，才智驚人。

另一個擁有內在富裕的例子，是小說家路易斯・查（Louise Cha，即金庸），他的訃聞刊登在了《海峽時報》上。查生於中國，最初在上海擔任新聞記者，一九五〇年代調到該報的香港辦公室。他在一九五五年至一九七二年間寫了一系列大紅大紫的小說，靈感來自武術的歷史；儘管作品暢銷，查在這段時期後不再有任何新作，而是重讀自己的小說，繼續加以修正。當他讀到自己小說中最喜愛的人物分離時會哭出來；他不因襲傳統，甚至是叛逆。一九六〇年代末，他寫過一系列反毛的文章，因而被列入中國共產黨的暗殺名單中；他逃到新加坡待了將近一年避風頭。查的動盪人生幾乎不具備幸福或無憂無慮的特徵，但卻獨特又有滋有味。

人格心理學家把經驗開放性細分成兩個次因素：開放性和智力。高度開放的人，在藝術方面往往擁有更多創造性的成就，而智力高的人則往往在藝術和科學都有較多具創造力的成就；賽門．拉莫必定在智力層面獲得高分，因為他探索並發現許多有創意的方式來解決各種工程問題，至於金庸則必定能在開放性的層面獲得高分，畢竟他過著情感豐沛、充滿想像力的人生。

4. 外向性的角色

經驗開放性和內在富裕的連結似乎很明顯，外向性在心理豐富上的角色則可能沒那麼明確。思考兩者連結的最簡單方式，是把外向性認知成對於探索社會世界（social world）的興趣，也就是說，如果經驗開放性是關於感官和抽象資訊的探索，外向則是關於人際資訊的探索。如果開放的人對各種想法感到好奇，那麼外向的人則是對他人感到好奇。人是個個不同的，你互動的人數愈多，經驗愈多樣化，人生也變得愈豐富。

在派對上的你會跟誰講話？我生性內向，自然會去找我原本就認識的人。我通常跟一兩個人持續交談，嘗試聊得比較深入些，外向者的策略則很不一樣，他們會跟很多新認識的人交談、交更多朋友。外向者跟其他外向者交朋友，這種現象稱為「網絡外向偏誤」（network extraversion bias），由於外向者比內向者擁有更多朋友，因此交外向朋友會比交內向朋友更容易擴大社交網絡，長此以往，外向者比較可能遇到各種各樣的人，也比我這種內向者更可能學到新事物。這就是外向與內在富裕人生的一種連結。

從基本層面來說，為何外向者更會去探索社交世界？其中一個因素是他們的自信，他們對自己有把握。當你有自信時，認識新朋友就不是件可怕的事，有什麼好損失的呢？你不會擔心別人給予的負面評價，或者擔心讓對方留下不好的印象，相反地你想到的是好處：可以認識新朋友、學習新東西、分享有趣的故事。你愈有信心，就愈可能開啟新的對話，於是產生良性循環；你開啟的新對話愈多，一場派對就愈能為你的心理帶來豐富性。在派對上獲得內在豐富經驗的人，比較可能會再參加別場派對。

外向與內在富裕相關的另一面則是精力。外向者往往比內向者精力充沛，精力愈充沛，就會從事愈多活動。例如某份研究發現，外向的大學生比內向者參與更多活動，校隊、社團以及社區服務和志工團體等。喬伊．萊恩在此又是個好例子，相較其他九十幾歲的人，她簡直精力充沛，也因此能夠造訪遙遠的國家公園，享受非比尋常的內在富裕經驗。

5. 幸福的人格

幸福的人是否有別於內在富裕的人？電視節目《羅傑斯先生的鄰居們》（*Mr. Rogers' Neighborhood*）中的羅傑斯先生就是個「幸福」的人。在這齣劇中，他是個笑臉迎人的友善鄰居，節目裡充滿歌唱、舞蹈和木偶劇，真是樂趣多多！誰不想跟一個口中唱著「拜託當我鄰居好不好」的人交朋友？

羅傑斯先生示範了幸福的人必備的特徵：外向、情緒穩定（不神經質）、嚴謹認真、親和友善。心理豐富性的相關性模式，與幸福的相關性模式非常不同，根據安格利姆（Anglim）及其同事的統合分析，幸福人生的特徵包括情緒穩定、外向、嚴謹認真與親和，但不包括對體驗持開放態度。

幸福人生的兩個最強的性格預測因素是情緒穩定性和外向性，有些人格學者將外向性概念化（conceptualize）為正面的情感作用（好心情），神經質為負面情感作用（壞心情）。

由於根據定義，幸福人生是正面情緒占優勢、相對缺乏負面情緒，也難怪外向性和情緒穩定性是幸福人生最明顯的特徵。

整體來說，幸福的性格和內在富裕的性格之間的關鍵差異，在於幸福的人未必對體驗持開放態度，內在富裕的人則相當開放。意思是說，像旅遊作家瑞克·史蒂夫斯（Rick Steves）這樣幸福且樂於接受新體驗的人，幾乎跟主廚兼旅行紀錄者安東尼·波登（Anthony Bourdain）這樣不那麼快樂但樂於接受新體驗的人一樣多。

為何情緒穩定、外向、嚴謹認真與親和能增進幸福的人生？主要是因為社交關係的品質是幸福的一大預測因素。誰擁有好的社交關係？就像羅傑斯先生那樣的人：友善、穩定而且親切。情緒起伏劇烈、內向、不可靠且好與人爭的人，則無法贏得太多朋友。

第二，對幸福的人生來說，財務穩定和關係穩定很重要，為了做到以上兩者，我們必須在財務和人際關係上多用點心，要記住大小事的截止日期和孩子公婆岳父岳母的生日。我們需要做些不想做的事，因此嚴謹認真的個性會有幫助。親和能改善職場關係和家庭關係；如果上司喜歡你，也比較容易獲得加薪或升遷。

第三，當人生面對艱困的狀況時，與外向相關的正向性會有幫助。情緒穩定幫我們更快從負面處境中恢復過來，即使好人也會遇到壞事，但是當壞事發生時，外向和情緒穩定會帶來好處（我們的心理免疫系統會在這兩方面提供幫助）。

最後，為何經驗開放性與幸福人生無關？可能的理由是，這種性格的人有較高動機去探索，當探索（例如去沒去過的餐廳嚐鮮）帶來正向的結果，就會連結到較高程度的幸福，但是當探索帶來負面經驗時則否。探索也和穩定性對立，而穩定性是幸福人生的基礎。

6. 有意義的性格

現在，讓我們來思考什麼類型的人會過著有意義的人生，躍入腦中的是瑞典環境運動分子格蕾塔・童貝里（Greta Thunberg）；在政治光譜的另一端，麥克・赫卡比（Mike Huckabee）也浮現腦海。他們的性格有什麼共通點？

格蕾塔從十五歲開始每個星期五在瑞典國會前抗議，手中標語寫著「為氣候罷課」，她把自己的運動命名為「週五救未來」（Fridays for Future），傳播到全世界。她催生了許多激進的青年氣候行動，今天仍在持續降低碳排放並提高永續性。葛蕾塔無止境地投入工作，二〇一九年甚至休學，全心投入行動主義。她將環境行動主義列為第一優先，義無反顧且孜孜不倦地努力。她是一位信念堅定的女性。

麥克・赫卡比生於阿肯色州，大學時攻讀宗教，之後成為電視福音傳道人詹姆斯・羅比森（James Robison）的職員，然後到德州的特克薩卡納（Texarkana）任職牧師。他在擔任牧師期間耳聞許多人的奮鬥故事，這些故事往往跟政策有關，致使他轉而從政並當選阿肯色州州長。他從宗教信仰的觀點思考政策議題（例如他相信寬恕的力量，因此支持採取寬大政策），此外他經常用食物做比喻（例如被問到美國是否應該接受敘利亞難民時，他回答：「如果你買了一袋五磅裝的花生，裡面有大約十顆花生米有致命毒素，你會給自己的孩子吃這些花生米嗎？答案是不會。」）他大概認為他的人生是有意義的，因為他把生命奉獻給宗教理念，他改變他人的生命，而他的生活也一直走在清晰的原則所帶領之下。他是個有堅定信念的男性。

獲致有意義人生的方法很多，但性格研究顯示，過著有意義人生的人，其首要特徵是嚴謹，接著是情緒穩定、外向、親和，跟幸福的人相同的是他們較少對體驗持開放態度。

嚴謹的人行事井然有序、小心謹慎，而且貫徹到底。他們目標明確，並且努力不懈地追求。這樣推演下來，為了成功追求目標，你不能太擔心各種對成功的障礙，也不能在遇到挫折時太容易灰心喪志。因此較低程度的神經質（不過度擔心）是有幫助的。值得注意的是格蕾塔·童貝里卻顯得比多數人更神經質，她極度擔心環境災難和氣候變遷，然而她似乎把焦慮化為工作動力。只要神經質不至於過頭，仍有可能過著有意義的人生。

對比之下，開放性對於抱有強烈信念的人來說是困難的。人很容易對自己的主張變得自以為是，麥克·赫卡比不太可能願意接受穆斯林國家的移民，因為他堅信其中有一小撮人可能會是恐怖分子；格蕾塔·童貝里不太可能願意接受否認氣候變遷者的意見，因為她堅信氣候變遷是人類活動所造成。

7. 人格心理學的意涵

那麼，誰可能擁有內在富裕的人生？從性格特徵來說，具有經驗開放性和外向性的人最可能擁有心理豐富的人生，他們比較會去嘗試新事物、認識新朋友或學習新東西，就像《知識與愛情》中的歌德蒙德。然而這些關係並非決定性的，許多內向的人依然過著內在富裕的人生，艾莉森・高普尼克的知性之旅就和尋求新知識的內向者相當契合；同樣地，喬伊・萊恩和孫子布萊德去過這麼多國家公園，在像布萊德這樣的人帶領下，內向的人也可能做出一些跳脫日常的事。應該要注意的是，嚴謹認真、親和與情緒穩定是內在富裕人生的次要預測因素，意思是說，你可以把樂於接受新體驗定為目標，嚴謹認真地朝這個目標努力，從而擁有內在富裕的人生。你可以用親和的心態隨順朋友和伴侶提議的新冒險活動，擴大你的視野。擁有內在富裕人生的方式還真不少。

誰是幸福的？外向者和情緒穩定者往往過著幸福的人生，部分或許是因為他們往往有良好的人際關係，且多數情況下持正向思考；嚴謹認真的人也往往是幸福的，或許是因為他們往往能達成目標；親和的人往往是幸福的，部分是因為他們擁有溫暖、圓融的人際關係。

最後，誰過著有意義的人生？嚴謹和情緒穩定的人往往如此，部分是因為他們能長時間獻身給固定的使命，不過度擔心，最後為世界帶來改變。

簡而言之，對體驗抱持開放態度，是內在富裕人生的人格關聯性跟幸福和有意義人生的人格關聯性之間最大的差異；經驗開放性在幸福和有意義兩者之中扮演相對不重要的角色，在心理豐富人生則扮演主要角色。內在富裕的人格研究顯示，對新體驗持開放態度是通往美好人生的一條道路。也就是說，我們從人格心理學得知了解自己是很重要的（大家可以到我的網站上做做看五大人格測驗！）而同樣重要的是，要了解有哪些性格特徵跟美好生活的各維度有所關聯；運用對自身性格的了解，以及與內在富裕、幸福和意義相關的性格特徵，從而發展一套獲致美好人生的策略。接下來的章節將提供一些人人可用的祕訣，教你如何把一點點內在富裕的特質納入日常生活中。即使你是個神經質、不親和、不嚴謹、內向又不願意接受新體驗的人，性格仍可以靠努力改變。別放棄，繼續讀下去。

第7章 保持玩心

只工作不玩，
把傑克變成無趣男。

——史丹利．庫柏利克（Stanley Kubrick），《鬼店》（*The Shining*）

1. 正經事

內在富裕人格的核心是經驗開放性以及外向性，或許有人會問：我們這些不具備這兩種基本性格特徵的人，要如何變得更開放、更外向呢？答案之一是抱持玩心。在一份一九八〇年的研究中，羅伯特・麥克雷（Robert McCrae）和保羅・柯斯塔（Paul Costa）請二百四十名男性將各種不同的句子寫完，例如「讓我惹上麻煩的是……」以及「當妻子叫他去做家事……」，心胸開放男性的回答，比封閉男性的回答更好玩。例如一位在經驗開放性獲得高分的男子寫道，「當妻子叫我去做家事，我就想出什麼急事當藉口。」心胸封閉的男子會回答：「當妻子叫我去做家事，我心不甘情不願地去做。」於是麥克雷和柯斯塔觀察如下：「心胸開闊者的最終顯著特徵是愛開玩笑，有時是怪異的幽默感，可能故意稍稍扭轉意思，經常在測驗中做出明顯為了好玩的反對意見。」因此，愛開玩笑、愛作怪和保持玩心，或許對開放心態和內在富裕來說都是核心。

但是，所謂的保持玩心究竟是什麼？心理分析師艾瑞克・艾瑞克森（Erik Erikson）形容得再貼切不過：**當你展露玩心的時候，你是「離開社會和經濟現實去放個假」**。每個成年人都背負許多社會和經濟的責任，那是現實。但艾瑞克森鼓勵大家偶爾遊走在幻想和現實之間，將自己從義務和責任解放開來。去打個籃球，模仿籃球巨星史帝芬・柯瑞（Steph Curry）的架式。去看場電影，假裝自己是重磅電影人羅傑・艾伯特（Roger Ebert）。收看晚間新聞，戲仿總統說話的樣子。跟著碧昂絲一起大聲唱歌。

當事情來到緊要關頭，玩心顯得最是重要，例如在奧運出賽的時刻。麥可·菲爾普斯（Michael Phelps）在個人比賽中贏過十三面奧運金牌，被公認為史上最優秀的游泳選手。他八歲時就已經在接受訓練，一路打破所有年齡組別的各種紀錄。菲爾普斯從十一歲起開始持續接受教練鮑勃·鮑曼（Bob Bowman）的嚴格訓練，他的姐姐希拉蕊也是一名奧運等級的游泳選手。他在游泳競賽的世界中長大。菲爾普斯一週六天、每天游泳約六小時，外加舉重和做伸展運動，麥可·菲爾普斯不僅是天縱奇才，也堅毅過人。

西蒙·拜爾斯（Simone Biles）是另一位傑出的運動員，在二〇一六年里約奧運囊括了全能、跳馬和自由體操金牌，綜觀來說，她贏得的奧運獎牌在所有美國體操選手中拔得頭籌。拜爾斯和菲爾普斯一樣從八歲開始接受嚴格訓練，她天賦異稟，選擇在家自學，以便能每週訓練二十至三十二小時，她親身展示了對體操運動無與倫比的付出。

除了辛苦的訓練外，極微小的細節對游泳和體操運動來說都極為關鍵，游泳運動的輸贏只在分毫間，而跌倒或最輕微的失去平衡都可能毀了體操運動的成績表現，換言之，這二者都是極度高壓的運動。微不足道的錯誤就可能讓你錯失獎牌。此外奧運比賽每四年才舉行一次，準備期間相當漫長，卻可能在一個剎那間流失你的夢想和幾十年的心血。儘管成就斐然，但麥克・菲爾普斯和西蒙・拜爾斯都曾飽受焦慮和憂鬱之苦，對自己精熟的運動失去興趣。一心不二的投入誠然令人敬佩，甚至是一種美德。但是太過專注在單一目標，也可能剝奪一個人跑跑跳跳或游泳的單純樂趣。

在菁英運動員的世界，「練習、練習、再練習」是贏得比賽的不二法門，沒有太多玩笑的餘地。但是玩心和愛開玩笑是兒童健康發展的關鍵，艾莉森・高普尼克認為人類擁有特別長的童年期，在這段期間可以嘗試許多事物，待長大成人才專精某個領域。特長的探索期都是遊戲的時間，對於在非正式環境中學習社會規範和多樣技能來說非常重要。

近期一份研究檢視了以下問題：全心投入一項主要運動或從事多樣運動後再專精某項運動，何者能達成較優異的表現。這項研究統合分析了五十五份研究，涵蓋六千零九十六位運動員，其中包括七百七十二位世界頂尖好手（其定義是曾在國際競賽如奧運、世界田徑錦標賽〔World Athletics Championships〕或汎美運動會〔Pan American Games〕中贏得前十名者）、三千零二十八位國家級好手（隸屬全國選拔隊或小隊的成員，或是在全國錦標賽中前十名的選手）、一千七百零六位區域級運動員（小聯盟棒球隊、國家大學體育協會〔NCAA〕第一級別），以及五百九十位地方性或郡級運動員。

研究人員發現，相較在職業生涯早年就專攻某項運動的菁英運動員，那些運動生涯早期從事多項運動的菁英運動員，失去熱忱的可能性較低，且成年時期在國內和國際賽事中較可能成功。有像麥克·菲爾普斯和西蒙·拜爾斯這樣的運動員，就有像麥可·喬丹和艾力克斯·摩根（Alex Morgan）這樣的運動員。麥可·喬丹高中時打棒球、踢足球也玩籃球，他曾為了追悼父親，而在運動生涯顛峰期間有兩年不打籃球，改打棒球；美國足球巨星艾力克斯·摩根從小就玩多種運動，十四歲才開始在俱樂部球隊踢球，她在高中時不只踢足球，還打排球、跑田徑。

這項研究的另一項重要發現是，青少年等級競賽的成功機率，可以由較早開始的年紀來預測（亦即愈早開始愈容易成功）；而成人競賽等級的成功機率，則是由較晚開始的年紀預測。也就是說，在成人的菁英競賽中，較晚開始從事這項運動的運動員，會比較早開始的人成功。與此相關的是，世界級運動員到達重大里程碑（例如第一次參加全國錦標賽、第一次在隊伍或小隊選拔中被提名）的時間點，顯然比全國等級的運動員晚很多。

短期來說，一門深入能帶來成功，但是長期而言不見得會獲得應有的成果。這項研究發現，在運動員的主要運動項目外，進行較大量的青少年主導比賽（例如即興的街頭比賽），與成年運動員的較好表現有關。令人驚訝的是，在世界級的成人運動員中，主要運動項目的高時數練習，與較「低」的表現成績有關。這些發現，連同其他運動項目的青少年主導比賽，顯示出如果你是一名菁英運動員，最好多花時間從事其他運動項目的非正式比賽，同時減少主要運動項目中教練主導的練習時間。

讓人好奇的地方在於，早年就開始一門深入，對「科學」這個迥然不同的專業領域也同樣會產生影響。另一份研究將德國四十八位在物理、化學、經濟和醫學／生理學的諾貝爾獎得主，和德國最高等級的國家科學獎萊布尼茲獎（Leibniz Prize）的得主做比較。四十八位諾貝爾獎得主中，有四十二位曾經從事多重學科研究或工作，意思是他們較晚才開始一門深入。未贏得諾貝爾獎的萊布尼茲獎得主，則是比後來獲得諾貝爾獎的得主更早成功，舉例來說，萊布尼茲獎得主比諾貝爾獎得主更可能在學生時贏得獎學金。我最喜歡的一項發現是：最終獲得諾貝爾獎的得主，比萊布尼茲獎得主花了顯著較長的時間才得到正教授資格。因此相較萊布尼茲獎得主，諾貝爾獎得主探索更多不同的研究領域，且進展較慢，但最終在沒有發生職業倦怠之下來到生涯頂點。

弗里德里希・尼采在其作品《試觀此人》（*Ecce Homo*）中的一篇文章〈人性的，太人性的〉（Human, All Too Human）寫到德國的專門化現象：「我發現有眾多年輕人感受相同的苦惱：違反自然的一步幾乎是迫使人走上第二步。在德國，講白了就是第三帝國（Reich），太多人太早被迫選擇職業，在一個再也無法擺脫的負擔下日益消瘦，這些人需要華格納作為『鴉片』，讓他們忘記自己，將自己甩開一時半刻——我在說什麼？是將自己甩開五、六小時！」

威廉・詹姆斯・席德斯（William James Sidis）讓我們看見另一個警世的故事。他常被認為是人類史上最聰明的人，八歲時就通過哈佛醫學院的解剖學測驗，以及麻省理工學院的入學考試。席德斯十一歲時到哈佛講授天體物理學，在場的一位麻省理工學院物理學教授說，席德斯會成為一位偉大的天文數學家以及科學界的領導者，但這位教授的預測錯了。席德斯累垮了。過早便一門深入，可能排擠對生命中其他活動的興趣，導致提早精疲力竭。菁英運動員間普遍的燃燒殆盡和憂鬱，使我不禁要問，一門深入的同時是否應該來點遊戲。

2. 保持玩心

大聯盟棒球季漫長又辛苦，包括三十三場春訓比賽，一百六十二場正規季賽，以及最多二十二場季後賽，總共二百一十七場比賽！這樣的行程對道奇隊的大谷翔平來說尤其嚴峻，因為他在多數比賽中都要出場打擊，且每週至少擔任一次投手。他擁有毅力和自信，但也有顆愛開玩笑的心。

二〇二二年大谷最初擔任打擊手時表現很糟，擊球二十四次僅得到三分（打擊率〇．一二五），這樣的統計數字很可能讓一個棒球選手陷入鬱卒。但是在一場比賽期間，當他再次未能擊出安打，正要回到選手休息區時，大谷開玩笑似地為他的球棒做了心肺復甦術。面對困境時的幽默感顯然有助於大谷放鬆心情，保持他菁英級的表現。隨著美國職棒大聯盟（Major League Baseball, MLB）愈來愈受到資料分析論主導，比賽也變得愈來愈有邏輯性，更像是一場棋局，而不是「國民娛樂」。來點輕鬆愉快的調劑可以戳破單調無趣的氣氛，把樂趣帶回到工作中。

俠客・歐尼爾（Shaquille O'Neal）是另一位讓人又愛又懼的菁英運動員，不同於隊友柯比・布萊恩（Kobe Bryant）以嚴格的工作倫理著稱，俠客為人所知的是不太努力工作。他在接受派崔克・貝特大衛（Patrick Bet-David）訪談時說到：「柯比是怪物，沒有人比他更努力……柯比才剛結婚進入家庭，可我家裡已經有四個孩子。在我花兩三小時工作後，現在還得當爸爸，還得當老公，我有很多事情要顧。」在許多方面，俠客比較放鬆、隨意自在，而且古靈精怪。他繼續說：「我認為一個人的成功可以在許多方面獲得。」大谷和俠客都相當成功，大谷榮獲二〇一八年美國職棒聯盟年度最佳新人獎（American League Rookie of the Year），以及二〇二一和二〇二三年最有價值球員獎（ＭＶＰ），俠客獲得一一九九三年的年度最佳新人獎和二〇〇〇年的最有價值球員獎，並四度斬獲ＮＢＡ（National Basketball Association, NBA）冠軍。如果俠客有柯比那樣的工作倫理，或許他在籃球上會有更多成就，但他的職業生涯也可能提早燃燒殆盡。大家都知道，工作倫理對於在職業運動和專業競賽中出人頭地是不可或缺的，即使如此，保持玩心在長遠成功上或許是個被低估的因素。

3. 當個愛開玩笑的人

有沒有任何證據顯示，愛開玩笑其實是有益的？瑞士心理學家勒內．普羅耶（Rene Proyer）是我所知針對成年人開玩笑一事做了最多研究的人。他發現開玩笑結合了經驗開放性和外向性，並且相對缺少嚴謹認真和神經質。開玩笑是「樂於當個傻子，而這點融合了不自我懷疑、不妄自尊大、不把規範視為神聖不可侵、認為模稜兩可與雙面刃是智慧和樂趣的來源。」整體來說，愛開玩笑的人不會太過嚴肅，他們知道何時該放輕鬆，何時該正經。

普羅耶在二〇一三年的論文中，發現愛開玩笑的人稍稍更滿意自己的人生，他也發現幸福的人樂於和大自然融為一體，但愛開玩笑的人則否；相對來說，幸福的人並不特別享受去外地度假，愛開玩笑的人則是。一份近期的研究隨機指派幾位參與者，記數一星期中每天遇上幾次好玩的事件，其他人則沒有收到這樣的指令。那些逐筆記錄好玩事件的人，相較控制組表示對生活較滿意且較少憂鬱；而且不僅在記錄期間剛結束後，更延續到之後三個月之久。該篇研究作者沒有衡量意義或心理豐富性，但我猜測這種記錄對內在富裕的提升會特別有效，因為玩心可為一個人的生活帶來新奇、有趣的經驗。

4. 隨興所至！

正如玩心一樣，隨興也能豐富我們的人生。《六人行》（*Friends*）和《歡樂單身派對》（*Seinfeld*）這樣的情境喜劇能歷久不衰，原因之一在於這些劇描繪出一個幻想的世界，你可以隨時進出朋友家，不需要事先預約，每天做些計畫之外的事。如果你天性不是個隨興的人，交個像《慾望城市》（*Sex and the City*）中莎曼珊這樣的人當朋友，大概可以為生活帶來玩心跟隨興。

困難的問題來了：你上一次臨時起意跟某人出門，是什麼時候？我目前有時還是會跟老婆臨時起意外出，在我們都有空的時候，但已經多年沒有跟朋友那麼做了。讀研究所時，我大部分的朋友都在學校裡，我會路過一位實驗室夥伴的辦公室，然後到對街的「皇家義式濃縮」咖啡館（Espresso Royale）喝杯咖啡，幾乎每天我都會跟某人喝杯咖啡，幾乎每天我都是沒有事先約好，就去跟某人共進午餐。

我拿到明尼蘇達大學的教職時想重施故技，臨時繞到附近的助理教授辦公室，我敲了門說：「嗨！鮑勃，想喝杯咖啡嗎？」他說：「不了，沒辦法，現在沒時間。」然後他掏了掏口袋拿出PDA（當時是二〇〇〇年），仔細查看行程，說道：「我們約兩星期後怎麼樣？」我驚呆了。我想，這就是教授跟研究生的差別。教授不僅忙碌，也極度珍惜自己的時間。後來曾有位資深教授勸我對自己的時間吝嗇點，否則就會沒有生產力。

我們生活在任何事都要先排入日程表的時代，我們的日曆塞滿事情，幾乎沒什麼機會從事臨時的活動。疫情時期改為遠端工作更進一步限制了臨時性的互動。史丹佛商學院教授潘蜜拉．辛德斯（Pamela Hinds）專精於工作團隊、合作和創新，她想知道由多個地點的人組成的工作團隊，在合作和創新的速度上，會不會跟處在單一地點的人所組成的工作團隊相同，辛德斯與馬克．莫藤森（Mark Mortensen）共同調查了某跨國企業研發部門的四十九個團隊，結果顯示，相較於成員的地理位置較集中的團隊，成員分散各地的團隊遠遠較少即興式的溝通、較少共通的認同感、任務上的衝突較多。辛德斯和莫藤森的結論是「即興溝通有助增長共通的認同感，促進創造共同的情境，幫助成員分散各地的團隊產生共識，在衝突升高前予以解決。」隨著愈來愈多工作會議透過Zoom等線上形式召開，大家也愈來愈難向他人發動即興式的互動。

5. 為何年過三十後很難交朋友

成年後想交新朋友時，隨興的程度帶來另一個挑戰。大學朋友和大學後的朋友有什麼差別？大學朋友可能是跟你居住地相近的朋友，甚至可能住在宿舍的同個房間，你和對方不斷有未事先計畫的互動；而大學畢業後，你的朋友可能是同事或孩子朋友的父母，結果你跟他們變得多親近？如果你能交到像大學最好死黨那樣親近的朋友，我會非常驚訝。

《紐約時報》記者艾力克斯．威廉斯（Alex Williams）在文章〈為何年過三十交友難？〉（Why Is It Hard to Make Friends Over 30?）中做出如下結論：「無論你交了多少新朋友，一種宿命感都可能在不知不覺中潛入心頭：要像你十幾歲或二十出頭那樣，交到永遠的摯友（ＢＦＦ）的時期多半已經結束了；是時候退而求其次，去認識泛泛之交（ＫＯＦ，還算是朋友）——然後維持一陣子的友誼。」你在工作上可能會跟同一個專案的某人變得親近，但除非你下次又跟這個人在同一個專案，否則很難保持聯繫。在這篇文章中，威廉斯寫到有個美國國家廣播公司（ＮＢＣ）影集《整夜難眠》（*Up All Night*）的寫手，跟團隊中的另一位女性變得非常親近，「但是當試播集結束，少了每天固定的互動，就很難維持親近度，那些漫長的午後到晚上在海邊鬼混、之後再到酒吧的日子已不再有。」如果你有一位伴侶，你的伴侶也非得喜歡你的新朋友不可，這就讓維繫友誼變得更困難；當你添了一、兩個小孩，會使得中年後交朋友的可能性幾近為零。換言之，大學畢業後要找到一個住在附近，可以每天跟對方見面而且隨時出去的人，確實是個挑戰。

當然，我們還是可以自己做點臨時起意的活動。哲學家傑森．德庫茲（Jason D'Cruz）曾書寫過關於有計畫 vs. 沒有計畫行動的文章，他使用了「反覆無常的理由」（volatile reason）這個詞，並以名叫「莫里茲」的假想人物作為例子。在該情境中，莫里茲手上有一張從柏林到德勒斯登的火車票，要去見他的朋友。他的朋友們正在幫他們準備晚餐，莫里茲則幫他跟朋友買了當天晚上音樂會的票，換言之，他身上有計畫也有責任。但是在火車上，他看著火車時刻表，意識到自己也可以不用在德勒斯登下車，而是搭到更後面一個沒聽過的城市齊陶（Zittau），當火車到了德勒斯登後，他臨時決定繼續坐到齊陶去瞧瞧，心想只要打電話給朋友取消計畫並道個歉就好了；就在火車駛離德勒斯登時，莫里茲感到一股難以招架的狂喜和強烈的自由感。德庫茲認為這不是個深思熟慮的刻意行動，但臨時突發的舉動卻滿足了莫里茲內在想要過有趣生活的強烈慾望。即興戰勝了責任感。我們偶爾可以效法、也應該效法莫里茲。

6. 為何人需要玩心？

大部分的人都在努力精進謀生技能。作為研究人員，我努力跟上最新的文獻、統計數字、資料視覺化等東西，這全是正經八百的事，需要細心專注，需要投入時間，需要全神貫注。在這種專注程度下，很容易讓時間在沒有樂趣和笑聲之下流逝，這或許就是世界上有如此多頂尖運動員，如麥克·菲爾普斯、西蒙·拜爾斯和大阪直美等人飽受身心俱疲之苦的原因；他們有天分、決心以及過人的毅力，但是他們熱愛的運動卻在某個時刻成了差事和謀生工具，吸光了整件事的樂趣。當然，還有其他因素共同造成他們的心理健康問題，例如菲爾普斯的父母離婚事件，或是拜爾斯遭遇的性侵事件；可以確知的是，導致身心俱疲和憂鬱的當然不光是認真和身心投入而已。然而歸根結柢，菁英運動員的生活是艱苦的，他們必須接受嚴格訓練，必須不斷競爭和表現自我，無論欠佳的表現如何稀少，仍會留在記錄上且廣為人知，難怪他們會對自己如此深愛且擅長的運動失去喜愛。

這裡要聲明，專精和專業精神對獲取和提升技能來說是很重要的，但也請記住在史丹利·庫柏力克（Stanley Kubrick）的電影《鬼店》（*The Shining*）中由傑克·尼可遜（Jack Nicholson）飾演的傑克。只工作不玩樂，不只是讓傑克成了無趣的人，到頭來還把他逼瘋。當勝利成為一切，人生也變得太沉重，**好玩的心態能幫助心理上卡住的人度過低潮，享受過程而不只是最終結果**。一個隨興的行動可以幫我們在沒有事先計畫的情況下體驗人生，我們擁有的某些最有趣的經歷經常是一時興起做的事。以我來說，有一天我載著家人從巴爾的摩到夏洛特鎮時，看到一個通往安那波利斯（Annapolis）的路標，於是我問妻子和兩個孩子：「有誰想去安那波利斯？」令我驚訝的是，大家異口同聲：「去啊！為什麼不去？」於是我們就臨時去到了安那波利斯，我們在鎮上閒逛，乘坐遊船，至今我兒子還對那趟航程津津樂道。

總而言之，光是性格特徵並無法決定達到內在富裕的能力，因為每個人都能夠學會透過玩心和隨興讓內在的豐富性滋長。從這一面來說，內在富裕的人生再度與幸福和意義導向的人生形成對比，後兩者會把較嚴肅的活動排在優先順位。為了達到有意義的人生，你必須獻身於一個重要的理想，為他人的利益花時間在往往相當困難的工作上。幸福也是件嚴肅的事，根據心理學家的說法，成為一個堅毅、仁慈、合群且隨時保持覺察的人可以幫助你獲得幸福。這些全都是令人敬佩的目標，但堅毅和覺察需要持續的專注，這不見得容易，這樣的盡心竭力未必適合每個人，也未必適合每天都如此行事。就像俠客一樣，有些人愛玩勝過時的覺察，偏好調皮勝過一本正經。堅毅顯然能幫人達成目標，但一心不二亦可能榨乾生活的樂趣和豐富性，就像西蒙・拜爾斯當時退出東京奧運比賽，因為恐懼和焦慮令她難以招架，但是在休息一陣子後，她以堅強又充滿活力的姿態回歸。

我們需要玩心和隨興來作為過度正經八百的解藥，就讓嗜好勝過義務，娛樂勝過投入，放鬆勝過用功。每天試著至少一次在工作場所或在家中玩一玩，試著讓你的伴侶、朋友或同事大笑。回家的路上繞個路。跳進水坑裡。去游個泳，把身上弄濕，把身體弄髒，偶爾像個小小孩那樣。當你做了興之所至的事，將使生活變得更豐富，留下更多回憶。

第8章

自己動手做的美妙之處

勞動生產力最大的進步，
以及在各處運用勞動時所展現的大部分技能、靈巧程度和判斷力，
似乎都是勞動分工的成果。

——亞當斯密（Adam Smith），《國富論》（*The Wealth of Nations*）

1. 生產力為何重要

目前為止，我談過了造就內在富裕人生的因素，像是玩心和輕裝待發（expeditus）的

態度。和前一章討論到的過早一門深入的潛在傷害有密切相關的是，我將探討的另一股力量，這股力量可能剝奪你生活中的內在富裕性，也就是對生產力的癡迷；我也會探討用內在富裕這股反作用力充實你人生的方法，也就是自己動手做（DIY）。

許多人每天的開始都是一面檢查待辦事項清單，一面用咖啡因替自己添加燃料，「美國靠當肯向前跑」成為非常成功的廣告詞，部分是因為這句話將當肯甜甜圈（Dunkin Donuts）定位成一家幫助你不斷前進的公司。我們所在的文化，是把多產、井然有序以及把事情做好的人偶像化。生產力的獲益是龐大的，但要付出多大代價？我們對效率的癡迷會造成什麼未能預見的心理後果？

我非常喜歡亞當斯密的《國富論》，我購買的版本收錄了傑出經濟學家艾倫．克魯格（Alan Krueger）所做的精采介紹，內容大致如下：學經濟的學生是幸運的，因為現代經濟學的基礎書，是由一位說故事的能手所著。我完全同意。閱讀《國富論》的經驗出奇美好，如果我當初是在讀到威廉．詹姆斯的《心理學原理》（*Priciples of Psychology*）之前讀到它，我很可能會選擇經濟學而不是心理學。我甚至替我第一本英文著作命名為《心理學的國富論》（*The Psychological Wealth of Nations*）。

《國富論》就像所有好書，始於某個妙不可言的觀察。想像一家製針的工廠，如果由一名工人負責一枚別針從頭到尾的製程，這名工人可能一天只做得出一枚別針，意思是十名工人獨立工作，一天只做得出十枚別針，但是如果這十名工人分別專精在一、兩個製程呢？例如，一個人負責取出金屬絲，另一人將其弄直，下一人切割，接著下一人將尖端磨尖，以此類推。亞當斯密估計，如果按照這種方式，十名工人每天能生產四萬八千枚別針，也就是每人生產四千八百枚別針。因此，簡單的分工就能使生產力提高四千八百倍！難怪現代化經常被與專精和勞動分工畫上等號。

《國富論》出版於一七七六年，也就是美國宣布獨立的那一年。當時美國是個以農業為主的社會，沒有任何工廠，一九〇八年，亨利．福特（Henry Ford）開始生產其暢銷車款T型車，一開始，他的工廠一天只製造得出少少幾輛車，但是福特於一九一三年引進裝配線——更有效率的勞動分工——後，他的工廠最終每天能生產一萬輛車子。現在，在這項發明的一百多年後，你或許會想我們已經到達生產力的上限，畢竟每個製程還能細分到什麼程度？但是像亞馬遜（Amazon）和目標百貨（Target）等公司仍在不斷尋求用更多方法來提升效率，從人員調度到即時存貨等各方面。

2. 當我們每件事都自己來的時候

以往勞動力分工多半限於工廠、農場和餐廳之類的職場。即使微波爐、洗衣機和洗碗機讓家事變得更輕鬆省時。在家中，直到一九九〇年代為止大部分的人都是自己煮飯、打掃、洗衣服。過去二十年間，精簡習慣徹底滲透我們的生活，導致勞動力進一步分工，外包不再是跨國企業或富人的專利，許多中產階級家庭把打掃、草皮養護甚至採買雜貨外包，忙碌的專業人士利用人工智能來安排日程、規劃事務，甚至做財務投資。

在學術界，大型團隊科學正在取代傳統的小型實驗室科學，要求高程度的勞動力分工。在大型團隊的社會心理學研究中，某人負責準備實驗用的素材，另一個人負責研究，再來一位專門整理資料，接著由一人來做分析，然後是另一個人負責詮釋，以此類推。每位成員負責自己的部分，接著團隊快速整合各部分，進行到下一篇論文，如此每年可以生產出幾十篇論文。

已逝的哈佛心理學家傑羅姆・凱根（Jerome Kagan）對這樣的趨勢發出感嘆：「在我讀研究所的年代，典型的科學家往往窩在大學建築物的地下室，在一名研究生的協助下不斷撰寫與重寫一份論文，發表某個有趣的結果……經常沒有外部的資金，兩個腦袋四隻手包辦所有工作。在這樣的條件下，實驗成功就感到自豪，失敗則感到挫折和難過，這樣的心情僅限於兩人之間。而當數百位專家設計共同實驗並交由團隊來執行時，這些情緒被大幅稀釋掉了。」

3. 勞動力分工與疏離

要澄清的是，凱根不是在抱怨團隊科學家的生產力，而是感嘆今日從事科學的心理和經驗面。卡爾・馬克思（Karl Marx）對勞動力分工的各種負面後果做過許多知名的省思，例如他擔心勞動力分工會使人變成單一次元：「勞動力分工不僅影響經濟，也影響社會各領域，在各處為人的專精化以及分類的制度奠定基礎，培養人的單一能力，而以犧牲其他所有能力為代價。」馬克思進一步擔憂勞動力分工會使勞工變笨：「勞動力分工提高勞工的社會生產力，不僅是為了資本家的利益而非勞工利益，並且是透過傷害個別勞工而達成的。」馬克思認為勞動力分工「侮辱身體並摧毀心靈」。

凱・埃里克森（Kai Erikson）在一九八五年擔任美國社會學協會（American Sociological Association）理事長的演講中，討論到馬克思的異化論在現代職場中依然適用，特別是他主張異化的關鍵來源，終歸是「現代職場的架構，將勞動力再次細分成更加狹隘的專門知識，其次，現代職場的這些架構，限制了工作者對他們所做工作的控制程度。」從事事務工作的人要受到業績配額、例行公事和管理者不斷地監督，艾瑞克森要大家把現代的勞動力分工，想成是「人類冷漠、粗暴、疲憊、殘酷和麻木不仁」的潛在媒介。

社會學家梅爾文·科恩（Melvin Kohn）發現一些證據可以支持馬克思的推測。例如他檢視來自三千一百零一位受雇於民間企業的美國人的調查資料，衡量勞動力的三個層面：監督的密切度、工作的例行公事化、工作的實質複雜度，以及異化的四個特定面向：無力、自我疏離、無基準、文化疏離。接受密切監督、工作例行公事化和缺乏工作複雜度的回答者，比較可能表示他們對人生沒有任何掌控權且感到無力，他們感到沒有目標，且與多數人的人生中珍視的事物感到疏離，以及不在意事情的是與非。

4. 專精及其不滿：第一次實驗

凱根關於「被稀釋的情緒」的想法，與馬克思的異化論並不完全相同，馬克思的異化論黑暗得多；此外身為大型團隊的一份子，進行資料分析之類的專門任務，或許也不像在工廠裝配線工作那樣異化，成為某個大團體的一部分也可能比獨自一人工作有趣。讀了科恩的研究後，我對勞動力分工在心理學上的影響感到好奇，明確地說，是它對幸福、意義和心理豐富性的影響讓我感到好奇。勞動力分工是否剝奪了完整的情感體驗，取而代之的是如機器般的效率？專精化是否降低了心理豐富性，提高無聊的感覺？或者只要做好份內的事，其實都沒差？

為了回答以上問題，我的研究生車榮宰（Youngjae Cha）跟我一起設計了一個線上的裝配任務，邀請參與者在預先排定的時間，去上一個指定的Zoom連結，他們會受到我們研究助理的歡迎，每個實驗的單元有三位參與者，他們被告知會在線上以一個團隊的形式裝配摩托車，首先作為建立團隊默契的活動，他們會先花點時間討論團隊的名稱，接著他們被告知已經被指派到裝配的某部分（勞動力分工的狀態）或者由他們自己負責整趟生產（每個人負責裝配一輛摩托車，完成裝配後進入下一輛），這項指派作業的完成是以團隊為單位。因此一個單元是勞動力分工的狀況，另一個是完整生產的狀況。我們鼓勵參與者盡最大努力生產最多摩托車，實驗結束時，我們詢問參與者感到多幸福、認為這項任務多有意義，以及感受到的心理豐富程度。從生產力的角度來說，勞動力分工的參與者確實遠比一人生產整輛的參與者取得更好的成績，當每位成員獨力生產整輛摩托車時，他們平均只能裝配五台摩托車，對一個三人組成的團隊來說，意思是平均十五輛摩托車。對比之下，勞動力分工的團隊在同樣多的時間內，平均生產六十輛摩托車，換言之，勞動分工提升生產力達四倍之多！

但是，勞動力分工是否要付出任何心理上的代價？從幸福的角度，答案是否定的。兩種狀況的參與者反應類似程度的愉悅和幸福，從意義的角度，也沒有付出任何代價。兩種狀況下的參與者在被問到該項任務時，表示有意義的程度類似。但是在分工條件下的參與者，在心理豐富度上顯著低於負責生產整台摩托車的參與者。也就是說，勞動力分工使任務變得比較無聊、單調且無趣。獨力裝配一整台摩托車雖然很沒有效率，但整個經驗卻有趣很多。

5. 專精及其不滿：第二次實驗

想像你任職某家顧問公司，被分派到一項大型的合作計畫。你跟其他很多人同在這個團隊裡，負責專精在一個領域，每天重複類似的作業。擁有這樣的工作是什麼感覺？

接著想像你任職某家顧問公司，你在這裡是獨立工作。你被分派到一個大型專案計畫，需要處理各種不同的任務，你獨立工作，所以需要校長兼撞鐘，獨自完成很多不同的瑣務，擁有像這樣的工作是什麼感覺？

在一項測試上述問題的研究中，我們請維吉尼亞大學學生樣本的半數人想像第一個情節，半數人想像第二種情節，令我們驚訝的是，學生們預期他們在任務專精的合作專案中，會比在獨立專案中包辦大小事要更加幸福，至於意義的程度則是兩種情況類似；但是最重要的是，學生們認為他們在包辦大小事的工作，會比專精任務的工作更具心理豐富性。這與線上裝配實驗的結果一致，就像在勞動力分工條件下的人一樣，任務專精的參與者認為他們的工作不如包辦大小事的人來得有趣。

當然，參與者對想像的人生所做的預測不見得都是正確的，考量到這點，我們進行另一項實驗，這次衡量行為的好奇心。我們讓這項研究的實驗架構和顧問公司實驗保持相同，但是我們沒有問他們，當想到在顧問公司工作的人生時有什麼感覺，而是請參與者完成一項瑣碎的差事。這件事包含回答如下的問題：哪一位美國總統也擁有某項發明物的專利權？問題被提出後，有兩種回答可以選擇，一是按下等待鈕，一是跳過鈕。如果參與者按下跳過鈕，則不會顯示答案，直接進入下個問題；如果按下等待鈕，他們必須等待一定的時間（精確的時間則是隨機給予十秒到十五秒）才得到答案（例如前述那題的答案是亞伯拉罕．林肯）。通常好奇的人會想知道答案所以願意等待，我們的實驗包含十五個問題，等待答案的次數愈多代表愈好奇。

相較那些想像專精某項任務的參與者，想像自己必須包辦大小事的參與者證實在行為上比較好奇，比較願意等待答案，從概念上複製了心理豐富性的發現。換句話說，當你被分派去專門從事某件事，會對其他看似不相關的事失去興趣；當你被分派去包辦大小事，對其他事會比較好奇。

但是，為什麼會這樣？因為，當你專精某件事時，你會選擇性注意那些與你專精事物相關的、同時忽略不相關的資訊。例如，如果你是醫療顧問，你要學習很多醫療業的事，以致可能需要忽略和該產業不相關的資訊。**專精使你擁有特定主題的深度知識以及就業市場所需要的技能，但是也在無意間使你對生命中其他領域不感興趣**。這就好像去到羅浮宮，只專注在蒙娜麗莎這幅畫以致忘了看看你的右邊、左邊和背後，錯過了其他所有的曠世傑作！

6. 外包又如何？

外包是一種讓生活更有效率的現代方式，請專業人士來除草和清水溝，做得比一般人更好也更快，這時外包的主要目標是爭取時間，例如你花兩百美金請人幫你打掃房子，你省下幾小時自由時間，這些時間理應換來更多的幸福。艾希莉．威蘭斯（Ashley Whillans）及其同事們發現，在四千四百六十九位回答者中，每個月花錢換取自由時間的人，比不這麼做的人更幸福，此現象有部分可以用時間壓力來解釋，而這種時間壓力的大小，可以用「今天我感覺時間好緊迫」的潛台詞來衡量。也就是說，花錢購買省時服務的人，對時間的緊迫感會較低，而當時間壓力較小，對自己的整體生活也愈滿意。

威蘭斯及同事們接著進行一項實驗來測試花錢購買省時服務的因果角色。他們給參與者八十美元，要他們在一個週末花四十美元購買省時服務，另一個週末再花剩下的四十美元買一樣東西。他們會在參與者花費四十美元的當天予以聯繫。結果參與者在花錢購買省時服務後表示，相較花錢買東西，他們感受更多的正面情緒與較少的負面情緒。這次也一樣，參與者在購買省時服務後感到時間壓力較小，從而表示自己更幸福。

外包不同於勞動力分工，並不涉及重複性的作業與非人道的工作條件（至少對付錢的人來說不是），只是單純把時間空出來。只要你花錢給某人來做你不想做的事而獲得自由時間，應該就會提升你幸福的程度，但是外包是否會跟專精和勞動分工那樣降低心理豐富的程度？我們並未實證測試這點，但外包降低心理豐富程度仍是有可能的。

前陣子，我和妻子考慮把房子凌亂的側院改成磚造的露臺，做過一些估計後，我們發現改造最少要花九千美元，我們又查看了材料成本，大約是四千美元。我們心想，如果能省下至少五千美元，難道就不能自己包辦挖掘跟所有的勞力活嗎？我們看了一些YouTube影片，感覺似乎可行。看在省錢的份上我們決定自己來，剩下的就是典型的ＤＩＹ故事了。結果工作比我們預期的多很多，在一處被樹根填滿、堅若磐石的黏土斜坡上要挖掘九英吋深，成為二十英呎寬、二十四英呎長的院子，實在很困難。將土地夯實創造堅固的水平面，以便在上面鋪上磚頭，也要費很大的勁。我們的家坐落在山丘頂端，而工程地點在車道的反向，使得用手推車運送三百袋碎石和沙子成為無比艱難的差事，更別說還要扛兩千塊磚頭——真的是如字面上說的累垮了，有好幾個早晨我都因為背痛而起不了床。我們好幾次質疑自己的決定，其他時間則互相責怪，後悔沒有請人來做。結果整項工程花了近三個月才完成，最後的成果相當好，但顯然比不上花九千美元在三、四天完工。基於我們花在這個工程上的時間，也不敢說最後省了很多錢。

但是，直到多年後我們還會聊到關於露臺工程的回憶。一天在挖地的時候，我看見一條蛇而放聲尖叫。我對蛇有恐懼症，嚇得跳了起來，儘管那只是一條正在冬眠、花園裡常見的束帶蛇。在做這項工程前我從沒鋪過磚頭，一般而言我的手並不巧，談到巧手這方面時我總是很沒自信。但透過我們的這場不懈努力，我發現我對鋪磚塊也沒有那麼不擅長——這是我對自己的新發現。如果請人替我們做所有的工，我現在還會談論這件事嗎？大概不會，因為我不會發現正在冬眠的蛇，也不會發掘自己的砌磚技巧。我們的露臺工程的確製造了很多壓力、身體的疼痛以及三個月間的不開心，把它外包出去在短期內可以使人比較幸福，但長遠來說，我們現在有更多故事可以告訴朋友，外加純正未經稀釋的驕傲感、成就感，以及苦惱和痛苦的回憶。

將例行的清掃工作外包，不會造成心理豐富性的機會成本，畢竟自己打掃家裡可能不會發生什麼有趣的故事，既然如此又何必自己來，除了想省點錢之外？相對之下，把磚造的露臺工程外包就有可能是個錯誤，因為它可能具有內在富裕的機會成本，請某人來做這件事可能反而使你錯過有趣的體驗，而這體驗可為你的人生故事添加豐富性。

7. 將自己從生產力陷阱中釋放吧！

為了提升人生的內在富裕程度，我們必須擁抱不熟悉的事物、帶點冒險成分的事物，以及具挑戰性的事物。組裝一整台摩托車比組裝其中一部分困難許多，也更花時間；打造一個磚造的露臺比請人代勞困難許多；當個文武全才比專精某件事需要更寬廣的視野。**熟悉會產生可依賴的幸福感，但無法產生許多豐富性；相對之下，有挑戰性的計畫雖然短時間可能**

帶來許多負面情緒，但長期而言也可能增添心理豐富性，在僱人代勞做某件事前，先問自己：我能自己做嗎？如果我來做，會不會多個有趣的故事可以述說？效率是一切嗎？偶爾逃避生產力陷阱，用一種比較慢的方法來做同樣的事，例如自己烤麵包、用手磨咖啡豆。自己動手做，為生活增添一些風味吧。

第9章

美感體驗算數嗎？

我總是走到書櫃，
再啜飲一口天賜的特效藥。

——維吉尼亞・吳爾芙，《海浪》（*The Waves*）

1. 活四千輩子的方法

目前為止我探討的內在豐富經驗大多是第一手的、直接的體驗，像是出國留學和打造露臺。那諸如閱讀小說之類的美感體驗，能不能製造出相同的心理豐富性呢？

如果問穆罕默德・阿齊茲（Mohammed Aziz），他會毫不遲疑地回答「能」。七十二歲的阿齊茲是摩洛哥拉巴特梅迪納（Rabat Medina）的書商，六歲就成了孤兒，為了維生並一圓高中畢業的夢想，他當起漁夫賺錢，但是十五歲時昂貴的教科書仍迫使他休學。他將這股挫折感導向發展賣書事業，一開始只是在樹蔭下鋪一條破毯子擺個九本書，到現在擁有一間書店、每天讀書六到八小時，他在一次訪談中說：「我的人生離不開閱讀……我讀過四千多本書，因此我活過四千多個人生。」阿齊茲每天工作十二小時，很少休假。但這不妨礙他透過四千本書活了四千個人生，累積大量心靈的財富。

馬塞爾・普魯斯特（Marcel Proust）在其巨作《追憶似水年華》（*In Search of Lost Time*）的第一部〈斯萬之路〉（Swann's Way）中省思自己的閱讀經驗：「這些午後塞滿了比一輩子實際發生的更戲劇性的事件，它們是在我閱讀的書中發生的事。」他繼續描述小說家施的法術，談到「用一小時的空間，他（小說家）把這世界上所有喜與悲釋放到我們內心，其中有些我們要花真實人生的好幾年才能理解，而且最強烈的喜與悲絕不可能實際展現在我們面前。」因此，是的，透過書本過著心理豐富人生是可能的。

對我而言，石黑一雄的《長日將盡》（*The Remains of the Day*）這本引人入勝的小說，述說的不僅是史蒂文斯這位替貴族達林頓閣下（Lord Darlington）工作到二次大戰結束的男管家故事，也探討道德兩難以及人生意義。在這本小說中，史蒂文斯先生（電影版由安東尼・霍普金斯扮演）無微不至服侍達林頓閣下，在他職業生涯的顛峰，曾在達林頓閣下二次大戰期間主辦的許多會議中管理二十八名職員。他最引以為傲的是他的專業能力，以及能夠仔細規劃並完美執行他與那棟屋子有關的所有職責，然而戰後，多個世代以來為達林頓家族所擁有的達林頓廳終究被賣給了一位美國商人法拉第先生，史蒂文斯先生管理的職員則是減少到僅僅四人。史蒂文斯先生在其職業生涯中第一次被給予真正的休假，於是他決定到英格蘭西部去旅行，第一次有時間沉思目前為止的人生，以及服侍達林頓閣下的時光。

史蒂文斯先生將一生奉獻給達林頓閣下和達林頓廳，他的人生有其使命，他的人生有意義——直到戰爭結束，達林頓閣下原來竟然是個納粹同情者，是個幼稚的、業餘的外交官，他的行為最終傷害了英國。這是否使得史蒂文斯先生的人生變得一文不值，還是說，他的奉獻本身就有其價值？小說最後史蒂文斯先生說：「達林頓閣下不是壞人，他完全不壞……爵爺是個勇敢的人，他選擇了一條人生的道路，結果證實這是條錯的路，但這是他選的，至少他可以這麼說。至於我自己，我連這樣的聲明都說不出口，你知道的，我只是信任。我信任爵爺的智慧，這些年我服侍他，我信任自己做的事是值得的。」

一面讀這本小說，我的心來到達林頓廳，揣想著一九三〇至四〇年代初的種種事件。人生中第一次，我疑惑著會不會有我為之奉獻的某件事，到頭來完全是錯的，對人類的傷害勝過助益？身為日本人，我一直認為日本帝國的軍人和政治人物是不折不扣的邪惡，但我從沒想過為那些人工作的人的道德觀，他們奉獻生命來支持他們。《長日將盡》挑戰著我對二次大戰期間的日本軍等人在妥協狀態下的觀點，他們或許只是在盡責任，誤以為自己在為更大的善盡忠效力。這本書肯定改變了我對日本歷史的看法，若身在他們的處境，或許我就會是個邪惡的軍人，我以前從沒想過這個可能性。這不是幸福的思考，但卻讓閱讀的經驗更深入也更豐富。

2. 內在富裕的電影

如同上面的例子，透過書本、電影和藝術，可能間接獲得內在的財富，但並不是所有的閱讀或觀賞體驗都如此，那麼，心理豐富的美感體驗，其關鍵是什麼？首先，在閱讀或觀賞時，人沉浸在故事描繪的敘事世界中，以至於沒有留意到實體世界周遭的微小改變（例如某人進房間），換言之這是專注力、想像力和情感的完整結合，心理學家稱之為「傳輸」（transportation），他們必須被傳輸到敘事的世界，體驗故事中的事件，彷彿身在其中。其次，就像心理經驗，並不是每個令人沉浸其中的經驗都具備心理豐富性，這個經驗也需要是讓人難忘的。我曾多次在短短幾天後就忘掉了週末看的電影情節。清楚留在記憶裡的，才算是豐富的閱讀和觀賞經驗，除非這些經驗留在你心中，否則便沒有豐富你的人生。

就像物質財富要靠金錢的累積，內在富裕也需要直接或間接累積有趣的經驗。有些追求強烈感官經驗的人走遍世界，卻發現各種不同的經驗似乎無法累積成令人滿意的人生，他們需要不斷有新的體驗。他們就像收入豐厚卻把賺來的錢花個精光的人，一如高所得者需要存錢才能獲致物質上的富裕，內在富裕也需要人們去記得並且珍惜他們的經驗。記憶是不可或缺的。

最後，為了使閱讀和觀賞成為豐富的經驗，它必須具備某種複雜性，最終改變你的觀點。電影《小鬼當家》（*Home Alone*）使人高度沉浸劇情中，有趣甚至難忘，但不是那麼具有心理豐富性，主要因為這部電影不怎麼複雜，也沒有改變我的人生觀。

你看過什麼心理豐富的電影？對我來說，黑澤明一九五〇年的電影《羅生門》就屬於豐富的美學體驗。這部電影圍繞在一名武士被殺的單一事件，但是劇中四位主角各自對事情的來龍去脈提供迥然不同的陳述，每位人物帶領觀眾相信他們的版本才是真的，但下一個版本又跟前一個矛盾，而且一樣具說服力。最後，正當影片似乎對人性的殘酷與人類記憶的不可靠做出令人灰心的註解，最後的事件卻又象徵人類的善從不知何處出現。有段時期，當我所看到的世界愈來愈糟糕，這部電影使我相信世界還是有希望，我認為《羅生門》就是一部深沉有趣且心理豐富的電影。

如果你年紀太輕，沒看過《羅生門》，那就來談談一九九九年的電影《駭客任務》（*The Matrix*）吧，這部片在許多方面都令人難忘：具代表性的紅色藥丸和藍色藥丸之間的抉擇，真實和虛擬實境之間的困惑，莫菲斯（Morpheus）說：「到處都是母體，它在我們周遭，即使現在就在這個房間，當你望向窗外，你可以看到它……它蒙蔽你雙眼的世界，使你看不見真相。」「什麼真相？」尼爾（Neo）問。莫菲斯回答：「真相是，你是個奴隸，尼爾。你跟其他每個人一樣，生來就受到束縛，生下來就在監獄中，不能品嘗、看或者碰觸。禁錮心智的監獄。」逐漸地，你開始明白所有人物身上真正發生了什麼。

如果你還是太年輕，沒看過《駭客任務》，那你看過二〇一九年的《寄生上流》（*Parasite*）嗎？這是關於貧窮的金家和有錢的朴家的故事，兩家各有一子一女，因為某些原因，金家四口人開始替朴家工作，發現有錢人家的生活原來是如此。不同於把窮人刻劃成無助又無能的樣板，電影中金家的兩個孩子聰明、有個性又狡詐。他們分別向朴家謊稱自己是藝術家和菁英大學生，才能受雇成為藝術家教和英文家教。另一方面，和把有錢人描繪成精明又會算計的刻板設定相反，朴家既和善又天真幼稚。在一個令人難忘的場景中，金先生形容朴女士，說道：「她很有錢，但還是很善良。」金女士回答：「不是『有錢但還是善良』，她善良就是因為她有錢。見鬼了，要是我那麼有錢，我也會很善良！」這部電影使我們用新的方式思考富人和窮人、能力和機會、公平和道德。

3. 該結束嘮叨了

伊曼努爾・康德（Immanuel Kant）在其著作《判斷力批判》（*Critique of Judgement*）中，將美麗的藝術與令人愉悅的藝術加以區分，他形容令人愉悅的藝術是「純以愉快為導向，這一類全都是吸睛的藝術品，讓每個人滿意……所有遊戲都屬這類，除了讓時間在不覺間流逝以外，沒有更多深層令人玩味之處。」對比之下，「美麗的藝術是本身帶有某種目的的性的表現方式，雖然沒有〔明確的〕目的，卻能促進在社會交流方面的精神力文化。」康德在此將美感體驗定義成比純粹感官愉悅更偉大的事物，也就是他所謂「反思判斷」

（reflective judgement）的愉悅，這涉及了感官與現實的差距，以及新的精神表現與對物體之理解的差距。

當傳奇性的爵士薩克斯風演奏家桑尼・羅林斯（Sonny Rollins）被問到藝術，更精確來說，被問到藝術為何重要時，他的回答讓人想起康德的美學判斷：「科技不是救世主。我們能吃、睡、看螢幕、賺錢——實體存在的所有面向——但那沒有任何意義。藝術恰恰相反。藝術是無邊無際的，沒有它，世界將不再如此存在，藝術代表非物質的靈魂，也就是直覺，是我們內心的感受……藝術在今日的重要性更勝以往，因為它比掩蓋在一切事物外表、引起爭議的政治表象更經得起時間考驗……以相同的方式，藝術啟發我們走出去發現新的事物，同時突顯我們所不知的。」

大衛・布魯克斯（David Brooks）在其文章〈藝術在政治年代的力量〉（The Power of Art in a Political Age）中呼應羅林斯的論點。布魯克斯寫道：「我就像許多人一樣，花太多時間沉浸在政治中……因此我嘗試採取反制措施，我逃到藝術裡。」他說，藝術「使你就地停下來，深呼吸，開展自己，接收它要給予的，經常是用孩子般的敬畏和崇敬……藝術作品開拓了情緒感受的樣態，當你讀一首詩或觀賞一座雕像，儘管尚未學到新的事實，卻已經有了新的體驗。」我們可以敞開心胸接受新體驗，不光透過閱讀小說和詩，也透過觀賞藝術。

羅林斯和布魯克斯的藝術觀點，讓我想起馬丁．海德格（Martin Heidegger）所說「無盡的絮叨」（Das Gerede），海德格在《存在與時間》（*Being and Time*）中主張，人是沿著「遵循著小道消息以及把話傳出去的路徑」過日子，日常生活中無盡的閒聊蒙蔽了真正重要的事。在充斥無盡絮叨的世界中，我們什麼都懂，就是不曾深思自己的事，我們被「持續出現的令人分心的事物」轟炸，社群媒體就是無盡的絮叨，閒話家常是無盡的絮叨，這種絮叨使生活感覺無根、不踏實、漂浮著。我們在待辦事項清單和無盡的分心之間，很少有一時半晌深思，或是與崇高之事物相會。

對我而言，藝術和運動提供寶貴的時刻，逃離日常生活中無盡的絮叨。觀賞馬克．羅斯柯（Mark Rothko）的〈作品十三號〉（No. 13〔White, Red on Yellow〕）和他的其他色域繪畫，總是一種獨特的內在體驗，簡單的顏色和模糊不清的線條能鎮靜人心，引人入勝甚至感動，或許是因為我知道羅斯柯是個憂鬱的人，最終結束自己的生命，又或許跟這樣的背景知識無關。我多次在大都會藝術博物館中坐在〈作品十三號〉前，它吸引我，令我忘卻其他一切。馬克・羅斯柯曾說：「一幅繪畫不是關於某個體驗，它就是體驗本身。」

4. 最後，提供一些資料

丹尼爾・貝林（Daniel Berlyne）在一九七一年的著作《美學與心理生物學》（*Aesthetics and Psychobiology*）中，摘要一系列美學判斷的實驗，他的主要發現是，愉悅和趣味存在著不同且恰到好處的平衡，單純的幾何圖案通常被認為比複雜的圖案更令人愉悅，而複雜的圖案通常被認為比單純的圖案更有趣。

在一項實驗中，貝林操縱了地理圖形的兩項因素，第一是對稱性（也就是要素的對稱與同質程度），另一個是元素的數目（也就是一到五個元素vs.多個元素）。有些圖簡單且對稱，有些簡單但不對稱，有些複雜且對稱，有些則是複雜但不對稱。參與者將簡單且對稱的圖評分為最令人愉悅，其次依序是複雜且對稱、簡單且不對稱，以及複雜且不對稱，對稱性是愉悅的關鍵。但是，貝林發現參與者也將簡單且對稱的圖（最令人愉悅）評分為最不有趣。複雜且不對稱添加了趣味性，但又偏離令人愉悅的特質。

更近期，保羅・希爾維亞（Paul Silvia）和山繆・透納二世（Samuel Turner Jr.）針對美學判斷進行了有意思的實驗，參與者觀賞十三幅古典畫作，其中六幅令人感到寧靜，如愛德加・竇加（Edgar Degas）的〈劇院的舞廳〉（Dance Foyer at the Opera）和克勞德・莫內（Claude Monet）的〈睡蓮池〉（The Water Lily Pond），另外七幅畫則令人不安，例如法蘭西斯・培根（Francis Bacon）的〈人與肉〉（Figure with Meat，圖中驚恐的教宗被兩頭牛的屍體包圍）和法蘭西斯柯・歌雅（Francisco Goya）的〈農神吞噬其子〉（Saturn Devouring His Son，沒錯，神在吃人肉）。這些畫既怪異又令人震驚，特別是跟莫內安詳溫暖的名畫相比之下。參與者在觀賞過每幅畫後，回報每一幅畫多麼有趣和不有趣、無聊或吸引人、令人愉悅或不愉悅、愉快或不愉快、可理解或不可理解、熟悉或不熟悉。結果顯示愉快的評分可以由可理解、熟悉和簡單來預測，換言之，愈容易理解和愈簡單的繪畫，也愈令人愉快。相反地，有趣的評比則是由令人不安和不愉快的程度來預測，也就是愈令人不安且不愉快的繪畫愈有趣。

在另一項實驗中，希爾維亞探索「理解」扮演的角色。例如參與者被要求閱讀史考特．麥克羅德（Scott MacLeod）知名的抽象詩〈鯊魚的一生〉（The Life of Haifisch），沒有拿到背景資訊的參與者無法理解這首詩，因此不覺得它有趣。相反地，有些參與者讀的是同一首詩，但有較多背景資訊，例如詩的題目以及「Haifisch」在德文是「鯊魚」的意思，他們則覺得比較容易理解，因此比較有趣。這之間存在著一條微妙的界線，換言之，藝術作品必須至少具備最低度的可理解性才能夠被欣賞。

我還在維吉尼亞大學時，有機會跟艾琳．偉斯特蓋特（Erin Westgate）與尼克．布特利克（Nick Buttrick）兩位學生共事，我們閱讀了現存如保羅．希爾維亞有關實驗性美學的文獻，想知道在人生早期閱讀各種書籍是否能幫助讀者領略更大的複雜度，擁有知性豐富的人生。於是我們詢問五千多人關於他們童年時期的閱讀習慣、目前的認知風格以及他們自我認知的內在富裕程度。我們假設，閱讀跟較有彈性的認知風格與較高的內在富裕程度有關，結果我們的發現比預期的更加錯綜複雜。

首先一如預測的，從小閱讀很多文學虛構作品的人相較於不這麼做的人，確實具備更多的可歸因複雜度（也就是能夠想到多重理由，解釋一個人為何有特定的行為方式），並且過著更為內在富裕的人生。其次出乎意料的是，從小就讀很多羅曼史小說的人顯然比不這麼做的人，具備顯著較少的可歸因複雜度，他們似乎比較少閱讀羅曼史小說的人，更大程度地「精煉化」。例如，人生早期閱讀羅曼史的讀者，往往對世界抱持比較簡化的觀點：喬是個渾蛋、吉兒是天使、棒球好無聊、歌劇是老人看的等等。相反地，從小讀很多文學小說的人則比較少精練化，比較可能認為喬或許對某些人來說是渾蛋，卻也對遊民和善又慷慨。第三，使用其他衡量方式（例如本質觀量表）也得到相同的發現。在針對參與者的年齡、性別、教育程度、所得和政治傾向做過統計學上的控制後，仍然發現：閱讀很多文學小說與認知複雜度之間存在明顯連結，且不是因為這些讀者受過較多教育、較年長或者較傾向自由派。

最後，我們發現實證來支持萊昂內爾・特里林（Lionel Trilling）的一九五〇年著作《自由想像》（*The Liberal Imagination*）：「文學是對變化性、可能性、複雜性和困難度做最完整精確描述的人類活動。」我們的研究顯示具相關性，但閱讀文學作品的因果關係尚待驗證。整體來說，閱讀文學作品與較高的認知複雜度與較好的觀點採納技巧（從當事人觀點而非從觀察者觀點觀看他人行為的技巧和能力）具有關聯性，而且顯然有助我們接納自己人生的高點和低點。

我一再主張，觀點改變是內在富裕經驗的關鍵，儘管目前為止我還沒有實證的證據支持這點。喬丹・艾克斯特（Jordan

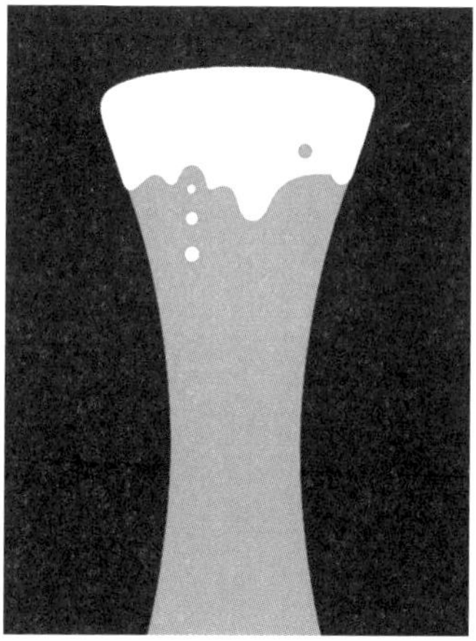

圖2：諾瑪・巴爾（Noma Bar）**的作品〈宿醉〉**（Hangover）。**自諾瑪・巴爾取得版權許可。**

Axt）、崔惠元和我在一系列實驗中，測試一個有多種看法的圖案是否在視覺上會比只有一種看法的圖案更加豐富，比如圖地反轉（figure-ground）的繪畫等。

請看上頁諾瑪．巴爾所畫的一只裝滿啤酒的高腳玻璃杯（圖二），從某種方式看，最上方泡沫的形狀就像一張臉。在一項實驗中，我們把這張圖顯示在螢幕上，問參與者一個問題：「你看到什麼？」在他們寫完答案後，就翻到下一頁有另一個問題：「現在，你還看到什麼？」多數人最初看到一杯啤酒，但在之後很多人看到一張臉，也就是一隻眼睛、鼻子跟嘴巴。換言之，你會看到啤酒或臉端視觀點而定。

另一群參與者看到啤酒杯的的變樣（圖三）。所有都跟之前相同，唯獨杯中泡沫看起來不像一張臉，因為我把第一張圖中看似「眼睛」的泡沫移除了。我們問了同樣的兩個問題，「你看到什麼？」接著是「你還看到什麼？」同樣地多數人看見一杯啤酒，但沒有人看到臉。第一組參與者以每次一幅的方式看一系列圖與地的繪畫，並被要求寫下他們看到的。第二組看一系列稍微變樣的圖——基本上跟第一組看到的圖像相同，只是沒有從屬物件（secondary object）——並且被要求寫下他們看到的。接著所有參與者被要求評估繪畫，並表示目前的心情。

在這一系列的實驗中，我們發現看見圖地反轉繪畫的參與者，相較那些看到清晰主圖樣的人來說，前者覺得自己在心理上比較豐富，也就是比較有趣、吸引人、耳目一新，且比較不無聊跟陳腐。一個視覺上的微妙差異，就對這兩組人的心理造成巨大差別。圖地反轉繪畫的那組參與者在一幅圖中看到多重物體，或許他們一開始感到困惑，隱約覺得哪裡不一樣，那種感覺接著變成對第二次觀察較肯定的認同。對比之下，控制組看到的是單一、清晰且不曖昧的圖。值得注意的是，圖地反轉的繪畫並沒有在任何

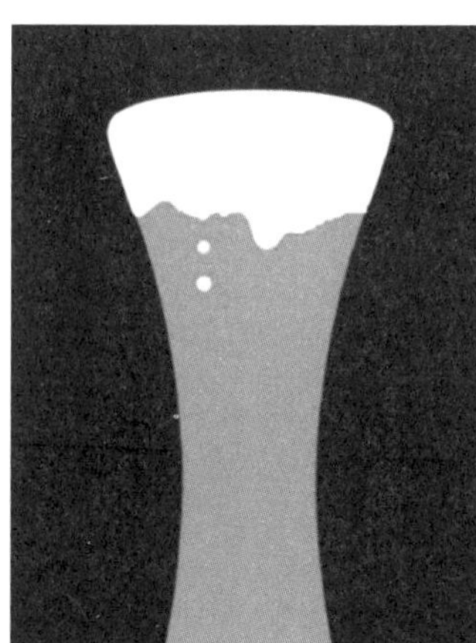

圖3：諾瑪．巴爾的〈宿醉〉經過變樣。

一項實驗中引發不同的心情；控制條件下的參與者，跟圖與地條件的參與者的幸福程度相同，即使如此，略微增加複雜性和不可預期性，加強了視覺和感知的豐富程度，彷彿添加了一種美學的辛香料。

5. 接著是運動

對某些人來說，運動只是一種消遣，即康德所謂「比賽帶來的，除了讓時間在不知不覺間度過以外，沒有更多趣味。」但對某些人來說，運動不光是娛樂，更是戲劇性的強而有力來源，因為其結果不是照劇本演出，你永遠不會真的知道會發生什麼事情。當你以為你已經贏得世界大賽時，明星一壘手可能漏接一顆普通的滾地球，球在腿間通過，於是另一隊贏得冠軍（這是一九八六發生的真實故事）。還有魔術強森那不可能的傳球，以及麥可．喬登和勒布朗．詹姆斯（LeBron James）在最預料不到的瞬間做出不可思議的灌籃。高階運動有其戲劇性和美感，觀賞運動確實可以被理解為一種美學的經驗，哲學家史蒂芬・芒福德（Stephen Mumford）在二〇一二年的著作《觀賞運動：美學、倫理學和情感》（*Watching Sport: Aesthetics, Ethics and Emotion*）中有詳細的論述。

對我而言，來到美國的一大誘因就是有機會觀賞美國籃球協會和大聯盟棒球（ＭＬＢ）。以下戲劇性轉變的事件於一九九五年發生在我最愛的球隊休士頓火箭隊（Houston Rockets）身上。火箭隊在我最喜歡的球員哈基姆・歐拉朱萬（Hakeem Olajuwon）的帶領下，於一九九三至九四年球季首次贏得ＮＢＡ冠軍，次年的一九九四至九五年球季，火箭隊一開始連續贏得九場比賽，大家以為這一季又是冠軍在握。

可是接下來他們的攻擊受阻了。火箭隊最終以四十七勝三十五敗的成績結束該季的例行賽，在西區聯盟（Western Conference）的季後賽名單中排第六，在眾人的失望中結束球季。在第一輪的季後賽中，他們面對第三種子猶他爵士隊（Utah Jazz），該隊以六十勝二十二敗的紀錄結束例行賽，巨星卡爾・馬龍（Karl Malone）和約翰・史塔克頓（John Stockton）都在他們的球員名單上，猶他最初在五場系列賽中打出二勝一敗，只要再贏一場就可以晉級，但是在第四場比賽中休士頓獲勝了：系列賽現在來到二比二的局面。第五場比賽又回到猶他州進行，爵士隊是否能用主場優勢結束火箭隊的球季？答案是否定的，休士頓以九十五比九十一分戰勝猶他。

季後賽的第二輪，休士頓面臨第二種子鳳凰城太陽隊（Phoenix Suns），鳳凰城在七場系列賽中以三比一領先，這次休士頓只要再輸一場就結束球季，他們得連續贏三場才能拿下這輪系列賽。鳳凰城有機會贏得第五場比賽，但他們的明星前鋒查爾斯・巴克利（Charles Barkley）在正規賽結束之際竟然兩罰未中，於是比賽延長，最後休士頓在鳳凰城贏得第五場比賽，剩下的故事大家都知道了。他們在自家贏得第六場比賽，又在鳳凰城贏得第七場。在西區決賽中，休士頓打敗第一種子聖安東尼奧馬刺隊（San Antonio Spurs），接著在決賽中橫掃奧蘭多魔術隊（Orlando Magic），第二度蟬聯ＮＢＡ總冠軍。

第六種子球隊贏得該季總冠軍確實令人難以置信，但是在五場系列賽一勝二敗的局面捲土重來、接著又在七場系列賽一勝三敗下成功挽回劣勢，這才是真正前所未聞。在季後賽中有好多時刻我都以為沒戲唱了，但是並非如此。教頭魯迪・湯加洛維奇（Rudy

Tomjanovich）喊出了知名的宣言：「絕不可低估冠軍的心！」一九九五年季後賽令人感動、充滿戲劇性，且比觀賞第一種子球隊贏得冠軍更具心理豐富性，像這樣不被看好的一方最終獲勝，擴展了你對於所謂可能性的眼界。

6. 為何美感的體驗很重要

所以說，閱讀一首詩或小說、觀賞電影、欣賞藝術作品或觀看令人油然起敬的運動表現，皆能夠提高心理的豐富程度，這些都需要我們自己來詮釋詩句、小說、導演或藝術家的個人信念和表達，以及自己領略運動員優異的動作之美。在這層意義上，的確有別於透過個人冒險獲得的親身體驗。儘管如此，在對的條件下，我們還是能透過藝術和運動擁有非常真實、立即的體驗。

普魯斯特在《追憶似水年華》的最後一部〈重獲時間〉（Time Regained）中，談到藝術通常扮演的角色：「光是透過藝術，我們就能破繭而出，了解另一個人眼中的宇宙與我們自己的不同，少了藝術，那些景觀依舊如月球上的景觀般不為所知。拜藝術之賜，我們不只看到一個世界，我們自己的世界，也看到世界自我複製。如同作品的原創藝術家，我們擁有一樣多的世界供我們運用，比在無限空間中旋轉的世界更加彼此不同的世界，在最初發光的火熄滅幾百年後的世界，無論它是叫林布蘭特（Rembrandt）還是維梅爾（Vermeer），仍然傳送給我們每個人，那特別的光輝。」普魯斯特在真實生活中經常生病，無法到太遠的地方旅行，即使如此，他跨越時空體驗多重世界，而這都要感謝藝術。

電影評論家羅傑．埃伯特（Roger Ebert）曾經看過一萬多部電影，寫過六千多篇影評，他終究忘掉了多數電影，但他認為最值得回憶的都還記得。埃伯特解釋「如果你用心品味電影，這些電影會告訴你人在內心最深處不為人知的慾望和恐懼，至少好電影是如此。所以人會去看電影，希望被碰觸到這些不為人知的地方。」你愈是被碰觸到這些不為人知的地方，你的內在生活就愈具心理豐富性。出生於伊利諾州厄本納（Urbana）的埃伯特畢業於伊利諾大學厄本納香檳分校，成年後在芝加哥生活，或許他的人生並沒有到許多地方探索，也沒有很多親身的經歷，但他肯定過著充滿美學與知性探索的人生。

當我們全神貫注在一個複雜的敘事世界，或是沒有腳本的運動世界，我們被輸送，或者說是被轉變，這是種超越的體驗，不同於典型的日常經驗，製造出一套不同的思維和情感，有時讓我們一瞥無法預知的可能性和人生的新觀點。簡單來說，這是內在富裕的體驗。

第10章 探索的理由

人生的目的，說到底，是活出生命，嚐盡酸甜苦辣，迫不及待伸出雙手，毫不畏懼更新、更豐富的經驗。唯有具備好奇心，一種無法遏制的冒險精神，你才做得到。

——伊蓮娜．羅斯福（Eleanor Roosevelt），《在生活中學習》（*You Learn by Living*）

1. 大山雀知道什麼

WWE賽事是週末的有趣活動，造訪國家公園或能激起日常生活中鮮少經歷的驚嘆和驚奇，電影《辛德勒的名單》（*Schindler's List*）使你止不住流淚，「那又怎樣呢？」或許你會問（儘管讀過上一章），這些活動不都是哲學家布萊斯．巴斯葛（Blaise Pascal）所說的「令人分心的事物」嗎？除了殺時間，這些活動是否有任何真正的益處？換言之，探索的理由是什麼？

或許大自然會有答案。大山雀（學名Parus major）是山雀科中的鳥類，身長約五英吋，同一品種分布在歐洲、北非、中東和中亞，英國動物學者約翰．理查．克雷布斯（John Richard Krebs）及其同事測試了當兩塊土地上的植被可供作食物的量不同時，大山雀是否會「知道」。當一塊土地遠比另一塊好（例如可供作食物的量相差五〇％），大山雀會稍加探索（雙腳跳大約十步），了解哪一塊土地比較好，然後留在比較好的那塊地上進行「開採」。當兩塊土地上可取得食物的量差不多（例如差異一〇％），牠們就會做更多探索（平均雙腳跳超過四十次），之後才留在稍微較好的那塊地上。

科學家們也進行電腦模擬，將模擬所得的最適結果，與大山雀的真實實驗資料做比較，令人驚訝的是，大山雀的選擇和理想的模擬行為幾乎相同，也就是說，大山雀憑直覺使用先探索再開採的理想策略來尋找食物，並且根據不同土地上可尋找到的食物多寡，來調整探索的程度。

根據定義，心理豐富的人生趨向「探索」策略而不是「開採」策略。人就像大山雀，似乎會根據自身處境來改變策略。二〇一九年秋，我們詢問五百八十五名維吉尼亞大學的學生想要什麼樣的大學生活，發現他們選擇內在富裕人生的比率會隨著讀幾年級而有極大差異。

在大一新生中，最多人選擇內在富裕的大學生活，幸福生活其次，有意義的生活居後。在二年級學生中，幸福生活第一，接著是內在富裕生活。大三生則是三個選項不分軒輊，最後大四生，最多人選擇有意義的生活，緊接著是幸福的生活。一開始，很多大學生偏好探索，但是就像大山雀那樣，一旦明白自己想做什麼，他們的優先順位似乎變成偏向致力達成有意義的生活。因此我們了解到維大

	內在富裕	幸福	意義
大一	43.4%	34.1%	22.5%
大二	37.5%	41.2%	21.3%
大三	33.9%	33.9%	32.1%
大四	13.6%	40.9%	45.5%

圖4：理想的大學生活：大學生的偏好
（來自維大的強迫式選擇資料）

的學生就像大山雀，往往使用先探索再開採的策略。

2. 克卜勒的抉擇

但是，這些維大學生採取的是不是最適策略？人類是否通常會使用先探索後開採的最適策略？認知心理學家彼得．托德（Peter Todd）和傑佛瑞．米勒（Geoffrey Miller）比我更有資格回答以上問題，他們專攻的就是在不同決策狀況下採取先探索再開採的最適策略，曾寫過一篇有趣又高資訊含量的文章，題目是〈從傲慢到偏見再到勸服：擇偶的滿足〉（From Pride to Prejudice to Persuasion: Satisficing in Mate Search）。

文章一開始是約翰尼斯．克卜勒（Johannes Kepler）的故事，他是德國的天文學家也是數學家，第一任妻子於一六一一年死於霍亂，克卜勒沒有太哀傷，因為他的第一段婚姻並不幸福。不久，他開始按部就班尋找新太太，兩年間認真追求並且面談了十一位女士，朋友慫恿他選擇編號四號的候選人，一位出身高尚且有大量嫁妝的女性，但她拒絕了他的求婚，理由是他讓她等太久。於是他選擇他個人最偏好的第五號候選人，儘管她並非來自最富有的家庭，但她受過良好教育，而且被認為能替克卜勒創造良好的家庭環境，讓他得以多從事四項重要的工作，克卜勒花時間到處探索，搜尋過程為他帶來興奮和活力，而他也選對了第二任妻子，婚姻幸福美滿。

克卜勒是他那個年代的頂尖數學家，因此他應該熟知機率理論，統計學上有個著名的「祕書問題」（secretary problem, SP），在這項任務中，你應該根據一系列的面談做出最好的雇用決策，研究人員會衡量你在決定雇用某人之前，從人才庫中面談過多少位候選人，你不能回頭考慮之前的面試者，必須做出二元決策（雇用或不雇用），直到做出雇用的決定為止。電腦模擬顯示，此處的最適策略是，先面談最初的三七%候選人（換言之全都拒絕雇用），然後決定接下來的候選人是否比前面三七%候選人當中最好的那位還要好。這就叫作「百分之三十七法則」。有多少人真的遵守百分之三十七法則？答案是，很少很少。

如果你有一百位潛在的交往對象，你會跟其中三十七位至少約會一次後，接著開始應用百分之三十七法則，直到找到最好的一位嗎？應該不會。因為跟這麼多人約會很花成本，不僅是金錢還包括心理層面，此外即使當你以為已經找到了「那一位」，那個人很可能拒絕你的追求，如此你千辛萬苦地尋找又白費了。因此，比較合理的作法，是跟第一位你喜歡且對方也喜歡你的人交往。

儘管如此，心理學家做過許多祕書問題實驗，將額外的搜尋成本降到最低（例如只是翻到下一人的資料，而不是騰出時間尋找地點來認識約會對象）。即使在搜尋成本微乎其微的人工實驗中，也只有一小撮人會使用最適搜尋策略，例如在實驗的條件下，只有三〇％大學生遵守百分之三十七法則；但大學生還是比鴿子略好一點，後者只有一七％遵循該法則。赫爾布蘭森（Herbranson）及其同僚的結論如下：「在三項實驗中，鴿子和人類都未能對祕書問題一致採取最適解答，最重要的是，兩個物種都辦不到，因為他們還沒有考慮理想的選項數目就太快做出選擇。」

如果人在某項幾乎沒有搜尋成本的任務中太早做決定，他們在高搜尋成本與高被拒絕可能性的真實擇偶任務中，就很可能太快做出選擇。經濟學家認為，人在擇偶時做出次佳選擇，是因為他們沒有多做探索；對多數人來說，探索愈多，做出的選擇就愈好。

3. 嘗試錯誤十二次

心理學家莎曼珊．柯恩（Samantha Cohen）和彼得．托德（Peter Todd）分析了疾病管制中心蒐集的全國代表性資料，深入分析真實婚姻抉擇中先探索再開採的利弊得失。他們得知某些人婚前花很長時間跟一些人交往，而另一些人則是花很短時間跟少少人交往，之後很快就定下來。在先探索後開採權衡的用語中，第一組人是花很長時間探索後才開採，而第二組人則是開採前花短時間探索。動物行為文獻和電腦模擬都表示，探索不足會導致較多失誤，當然如果一位配偶遠比其他人好，就沒有探索的必要，因為選擇很明確。但是在真實的擇偶情境中，許多可能的配偶人選在整體評價中只有些微差異，意思是說，在固定跟某人交往前，最好多探索比較好。疾病管制中心的資料顯示，花較少時間探索的人（在開始認真交往後很快就結婚的人），比花較多時間探索後才結婚的人更可能以離婚收場，因此平均而言，探索得愈多，婚姻的穩定性也愈高。

疾病管制中心的資料跟百分之三十七法則一致。但是彼得．托德和傑佛瑞．米勒基於幾個理由對百分之三十七法則提出質疑。例如，動物無法真正分辨最佳的可能配偶以及頂尖百分之十的配偶，此外對動物來說，關鍵不是找到最好的配偶，而是能找到最佳的選項之一（例如頂尖的百分之十）。如果我們把標準從最佳選項改成最佳選項之一，會發生什麼結果？現在使用一種更粗略的搜尋方式──檢視前百分之十四，而不是前百分之三十七──來產生最高的成功機率，潛在配偶的人數設在一百人。當潛在配偶人數設在一千人，光是百分之三的更粗略搜尋，就有最高可能性從頂尖百分之十找到理想對象。換言之，如果有一百位潛在配偶，你只要仔細物色前十四位，之後挑選一位比那前十四位更好的人。如果是一千位潛在配偶，你需要仔細物色三十位，再選出一位比那前三十位好的即可。這比百分之三十七法則合理許多。

最後，托德和米勒主張無論面對什麼問題，「嘗試錯誤十二次」在尋找頂尖百分之十的選項上確實成效卓著，意思是下次尋找新的戀愛對象或新公寓時，你最好至少考慮十二個選項才做出決定。雖然比百分之三十七法則容易許多，但嘗試錯誤十幾次仍然相當嚴格，人在結婚前要如何有過十二次認真的關係？克卜勒在兩年內考慮十一位候選人就做得很徹底，跟托德和米勒的「嘗試錯誤十二次」相當接近。

4. 婚姻的地理學：邱比特的短程飛行

如果克卜勒和上述的統計學者的確找到了我們許多決策的最適解決方案，我們又為何不多探索些？除了搜尋成本和被拒絕的可能性，其他還有什麼重要理由？此外，這能否提供關於內在富裕人生的啟示？

其中一個答案或許藏在社會學和社會心理學之中。賓州大學的心理學家詹姆斯．波薩德（James Bossard）取得一九三一年送交到費城及周邊城鎮的五千份結婚證書，檢視那些夫妻在申請結婚時住在哪裡，為了掌握費城的婚姻地理，波薩德想知道人們在決定結婚前，兩人居住地之間的距離。畢竟如果單身男子和單身女子廣泛探索他們的選項，許多人會跟住得離自己遠的人結婚。

結果發現，一九三〇年代的費城人往往在不遠處尋找他們的伴侶，只有八百九十對，也就是一七．八%，是由一位費城人與一位外地人所組成，剩下八二．二%的夫妻在結婚前分別都住在費城。這個研究中最知名的發現是，有超過半數的夫妻在結婚前住在離彼此二十個街區以內的地方，其中三三．五八%甚至住在相距五個街區或更近的地方！雖然在如費城這樣大城市中的單身男女擁有數十萬名潛在的配偶，但絕大多數人顯然只考慮住得離他們近的人，不然怎麼會絕大多數的配對都是在二十個街區內進行？波薩德思索他的發現，評語如下：「邱比特或許有翅膀，但這對翅膀顯然不適合長程飛行。」

住在附近可能暗指許多因素。其一，一九三一年的費城是個民族和人種隔離的城市，因此住得近也意味擁有共同的文化、語言和宗教背景，這在當時來說特別重要。此外，比起住在遙遠地方的人，住得近比較可能有近水樓台的互動，換言之，如果住得近，熟稔的機會顯著提高。

或許你會說，費城的研究很不錯，但那畢竟是一九三一年，很多事都不同了，包括人住的地方、他們如何相識，以及跟誰結婚。一九三一年，跟不同種族的人結婚幾近不可能，即使都是白種人，也很少會和來自不同地區的人結婚，如今網路交友平台發達，潛在配偶的人數似乎也等比級數成長，近水樓台效應是否已經過時？

凱倫·漢德利克曼（Karen Handrikman）及其同僚在檢視荷蘭全人口的生命統計數字時問了上述問題，是的，你沒看錯，荷蘭的全部人口。更明確的說，他們挑選出了二十八萬九千二百四十八位在二〇〇四年一月一日至同年十二月三十一日間開始和伴侶同居的人們。

首先，研究人員檢視每個人在同居前的居住地。這些在二〇〇四年間提出同居申請的人，有可能先前早已住在一起，因此研究人員也檢視每名伴侶在同居的大約五年前的居住距離，兩組資料顯示伴侶間在同居前最常見的住家距離只有一公里，也就是〇·六二英里；大約一三%同居的未婚夫妻在同居前夕住在彼此相距約一公里的地方；大約一〇·五%的人則是在開始同居的五年前居住在相距彼此約一公里的地方。同居前的距離中位數是六·二公里，同居五年前為七．八公里，出生時為二十二．九公里。也就是說，二〇〇四年開始同居的荷蘭人，有半數選擇的對象是出生在距離自己出生地不到十五英里的地方，即使對相當國際性的歐洲國家來說，這些統計數字暗示著世界小得驚人。網路交友在二〇〇〇年代初變得流行，但邱比特在二〇〇四年的荷蘭，跟在一九三一年的費城沒兩樣，都不適於長程飛行。這告訴了我們什麼？

5. 鄰近效應

一九四〇年代末，社會心理學家利昂．費斯廷格（Leon Festinger）、史丹．斯坎特（Stan Schachter）和寇特．貝克（Kurt Back）著手檢視在西門（Westgate）和西門西（Westgate West）兩個位在麻省理工學院（ＭＩＴ）的住宅複合體的交友狀況時，也對距離和友誼的關係產生興趣。不同於費城，這裡沒有民族飛地，也就是沒有像是吸引中國移民前去的中國城這類地域，因此選擇效應（也就是選擇住在特定地區的居民）保持在最低。

費斯廷格和同僚們清楚知道這項研究的所有參與者住在何處，於是問一個簡單問題：「你最常打交道的西門或西門西居民是哪三位？」在大學宿舍的小宇宙中，他們的研究與費城和荷蘭的發現一致：在一百八十七個可能建立友誼的人當中，有一百一十二人，也就是六〇％，住在隔壁或可以透過樓梯直接相通的單位，只有七組朋友是住在四個單位甚至更遠的地方，因此實體距離確實重要。這項研究的另一個有趣發現，是功能性距離也具有重要性，住在樓梯附近的人跟不同樓層的人成為朋友的機率遠高於住在遠離樓梯的人，意味實體和功能性距離主導偶遇的機率，以及一個人愈頻繁以非正式方式跟某人見面，就愈可能建立友誼。在文化、民族和宗教背景被隨機化的大學宿舍，費斯廷格的發現指出地理以及一再偶遇的驚人力量。但是，為何不期而遇這麼重要呢？

6. 單純曝光效應

在最佳狀態下，社會心理學家指出真實世界中的兩個變數（例如居住的鄰近程度和友誼），然後測試其因果機制，或者說是測試造成觀察到現象的相關性因素。一再巧遇會提高熟悉度，史上最偉大社會心理學家之一的鮑勃．札榮茨（Bob Zajonc）的研究聚焦在熟悉效應，也就是他在一系列實驗中所稱的「單純曝光效應」（mere exposure effect）。

在進行這一系列的實驗前，札榮茨就巧妙地改進之前針對語詞頻繁度及其與認知中的「可欲性」（desirability）的連結（也就是某個字聽起來有多好或多壞）。語詞頻繁度是根據每個字出現在一九二〇和三〇年代書籍和雜誌上的頻率來衡量，由愛德華．桑代克（Edward Thorndike）和歐文．洛格（Irving Lorge）從事這份苦差事。可欲性是把英語使用者對不同英文字的評分累計而來，大家都同意「好」（good）這個字是好，但不如「更好」（better）這個字那麼好，但是從文字的頻繁度來說，「好」這個字比「更好」更常被使用。

因此，如果經常巧遇提高一個文字的可欲性，那麼「好」的可欲性應該會高於「更好」。事實上，心理實驗的參與者的確表示「好」這個字比「更好」更具可欲性！

這個語詞頻繁度研究的發現引人注目，但仍然只是具相關性而已。也就是說，我們無法在使用頻繁度和喜歡一個字之間推論出因果關係。因此札榮茨設計一項實驗，參與者被提示一些沒有意義的字，例如「iktitaf」、「afworbu」和「saricik」。實驗者告訴參與者這些字是「土耳其文」（其實不是），並且讓他們知道每個字如何發音，參與者接著被要求說出每個字。之後，他們被要求從多好或多壞的角度，猜想每個「土耳其字詞」的意義，有些字只被提示一或兩次，有些字則被提示十次甚至二十五次，札榮茨用這種方式來操控熟悉度。他發現當提示的次數較頻繁時，十二個亂掰的字被評為好的分數比較高，接著他把這個最初的發現改成中文字再做一次。在下一個實驗中，札榮茨使用密西根州立大學應屆畢業生的照片再做一次同樣的實驗，他發現當相片被頻繁提示給參與者時，被喜歡的程度高於較少被提示的照片。

單純曝光效應的故事還沒結束。理查・莫爾蘭（Richard Moreland）和鮑勃・札榮茨在真實的大學教室中進行田野實驗，他們挑選四位在外型迷人的評分相同的女性研究助理去參加一門心理學的入門課，但上課的頻繁度不同。在一個學期中，第一位女性從來沒去上課，第二位上過五次課，第三位上十次課，第四位上十五次課。她們被指示進入講堂，走相同的樓梯，坐在相同的區域，好讓更多學生看得見她們，她們的服裝都是休閒服飾。

學期結束時，課堂上的學生被要求對四位女性的相片，依迷人程度、熟悉度和（對評分者而言的）認知相似度進行評分，結果非常近似早先在實驗室做的實驗：在這個田野實驗中，迷人程度（一到七分）隨著曝光度而直線上升：從沒去上過課的女性是三．六二分，上過五次課的女性三．八八分，上過十次課的是四．二五分，上過十五次課的是四．三八分。

同樣地，更多曝光也和更高的認知相似度有關，有趣的是，單純曝光效應似乎是在沒有察覺之間發生，例如當學生被明確問到是否認識這四位女生時，沒有人說認識，很少人表示之前曾看過她們，但是從熟悉度的角度，她們對於上過十次和十五次課的女生，相較於沒上過課或只上過五次課的女生，給予前者較熟悉的評比。

在這系列的實驗中，札榮茨及其同僚說明，重複曝光能提高熟悉感與（對評分者來說的）認知相似度和偏好度。之前的研究已經提出有力證據，證明認知相似度能提高吸引力，新的實驗則說明居住的鄰近程度提高熟悉度和認知相似度，因而提高那些在我們周遭的人的人際吸引力。這些優秀的實驗證明了單純曝光能提高偏好，為費城的婚姻研究和荷蘭的同居研究提供具說服力的因果關係論證。一再地巧遇確實能提高對彼此的吸引力，有時演變成戀愛關係。

7. 單純曝光效應在購物的應用

單純曝光效應也可能影響生活的其他方面，例如你是否曾經納悶，為何美國的城市和郊區看起來都一個樣？當我第一次進入紐約州史泰登島的某大型購物商城時，對商店的規模和裡頭的商店家數留下深刻印象，但當我之後進入緬因州波特蘭郊區一間中型購物商城時，我感到困惑。為什麼這兩間商城看起來一模一樣？為什麼我在史泰登島的商城看到的好多店家，也出現在波特蘭的商城呢？

讀研究所時，我開始到美國各城市參加心理學學會，也有過類似感受。我飛到大型機場，通常位在某大城市的遙遠郊區，接著搭計程車上了寬闊的多線道高速公路，經過千篇一律的住宅開發計畫區，量販店跟購物商城，終於來到商業區。學會通常在這一帶舉行，為什麼這些城市都長得一個樣呢？日本可不是這樣，東京和大阪都是大城市，有著許多高聳的建築和大型車站，但它們的感覺很不一樣，或許是因為有非常多的在地商店、餐廳和咖啡館的緣故，在美國郊區，無論在紐約還是洛杉磯市外，都可以預期看見相同的商店，像是目標百貨和全食超市（Whole Foods），以及相同的餐廳，像是起司蛋糕工廠（Cheesecake Factory）和潘娜拉麵包店（Panera）。

我住在夏洛特城時，每天都會到當地的一間咖啡店，從沒去過星巴克，但是到外地旅行時，我發現我忽然喜歡上星巴克了。我在夏洛特城的心理大樓吉爾摩館（Gilmer Hall），看到研究生從面前經過時，會說聲簡短的「嘿」跟他們打招呼，而當我在拉斯維加斯看到同一位研究生時，我則是說：「嗨，蓋瑞，看到你真好！」而且差點就想擁抱他。我在吉爾摩館時會擁抱他嗎?完全不可能。所以說,當你遠離熟悉的地方被陌生人包圍,熟悉的人或商店似乎顯得特別有吸引力。當你身處不熟悉的環境,單純曝光效應是否可能更強呢?

為了瞭解這點,我跟我的學生們決定使用美國普查的住居遷移資料,來估算人有多常遇到陌生人,根據的理由是,在一個很多人移動的城市,被陌生人圍繞的機率遠高於人們不移動的城市,我們想驗證在移動性高的州,如內華達和佛羅里達州,相較如賓州和西維吉尼亞比較穩定的州,前者是否擁有更多全國性的連鎖商店,如奇利斯(Chili's)、全食超市和瑋倫鞋業(Payless)。我們的想法是,在陌生的城市,全國性的連鎖商店比當地店家更有親切感,給人某種心理的撫慰,如果是這樣的話,諸如內華達州和佛羅里達州等,有許多人初次來到這裡的州,全國性的連鎖商店應該比較受歡迎。不出所料,人口移動頻繁的州果然比穩定的州擁有更多全國性的連鎖商店,即使控制所得中位數和總人口數(因為比較有錢、人口較多的州會吸引更多企業)後,結果依然是如此。

我們也發現,從小經常搬遷的維吉尼亞大學學生,會比從小在同個地方長大的維大學生更喜歡全國性連鎖店。在最後的一系列實驗中,我們請幾位參與者想像在畢業後立刻得到一份工作，而這份工作需要他們每隔一年搬到一座新城市；我們也要求另外幾位學生想像畢業後立刻得到一份工作，要求他們住在同一座城市至少十年；以及剩下幾位則是思考他們自己生活中典型的日子是怎麼過的（控制組）。接著，我們提供札榮茨單純曝光任務的修改版，一是中文字，另一個則是繪畫的相片。

在以上三個條件中，我們觀察到的單純曝光效應與之前發現的一樣，最重要的是，我們發現在住居移動性的條件下，參與者顯示出特別強烈的熟悉度偏愛效應，也就是當他們思考未來經常遷居時，會比思考長久待在一個地方或是思考普通的一天時，更喜歡一個熟悉的中文字或一張熟悉的臉孔。結果是，處在遷移條件下的人，在描述未來經常搬遷的人生時，會比處在穩定狀態或控制組使用更多與焦慮相關的字；此外，參與者使用愈多與焦慮相關的字，他們顯示出的熟悉度偏愛效應更強烈。換言之，壓力和焦慮會提高我們喜歡一個熟悉東西的傾向。

單純曝光效應是一個可複製的現象，而且解讀起來很有意思，但現在讓我們來思考它最重要的含意。將祕書問題應用到尋找伴侶會如何呢？你在安定下來之前應該探索不熟悉的人選，才能做出最適決定，如果你想擁有一位真正好的伴侶，應該嚴肅考慮十幾位潛在的配偶人選，這是充滿壓力的過程，心理學的研究顯示，人傾向喜歡熟悉的對象，同時排斥付出額外努力，導致我們過早安定下來。我們自己的研究進一步顯示，處在壓力下時，這種不良的心理習慣會變得更糟，**諷刺的是當你身處新環境，保守的心態會發揮全力、促使你去尋找熟悉的人事物**。

我到貝茨學院（Bates）留學時，校內只有另外三位日本學生：洋子、清美和麻里子。我很不好意思地說，我跟這三位日本學生相處的時間多得不應該。我為什麼要大老遠從東京到緬因州的路易斯敦（Lewiston）跟其他日本人混在一塊兒呢？這在理性上說不通，但心理學上倒是合理。因為我們能理解彼此。熟悉是一股強大的力量，給予我們撫慰，像是心理上的泰迪熊。在我們探索世界，將自己投入一個不舒服的狀態時，單純曝光效應發揮最強的影響力，心理上的泰迪熊也最有吸引力，雖然這點既矛盾又事與願違。

8. 愛它，不然就賣了它

以找房子為例，當你搬進一個陌生的城市，會先去哪裡租房子？如果你最終在那個城市買了房子，會買在哪裡？日本有句諺語「久住則安」（住めば都），指的是一旦你住在某地，無論是落腳在哪個城市（甚至是你不喜歡的），該處都將成為首善之都。我剛搬到明尼蘇達大學時，我們在聖保羅市區的公寓租了一年，大部分的人都推薦上城明尼亞波里斯（Uptown Minneapolis），確實一開始我們覺得聖保羅市區沒有上城方便，但我們發現一間喜歡的咖啡店，又找到一間喜歡的日本餐廳。那年十月，我們在聖保羅市區一帶找公寓，之後搬到夏洛特鎮，很快就在北下城（North Downtown）買了一間小房子。過了十年，這間房子對一家四口太過擁擠，於是我們搬到一間大一點的房子，在哪一帶呢？還是北下城！

在居家樂活頻道（ＨＧＴＶ）的熱門節目《愛它或者賣它》（*Love It Or List It*）中，主角都是一對有房子需要修繕的伴侶。其中一位主持人希拉蕊是設計師，幫助他們改裝房子，另一位主持人大衛則是不動產仲介，幫助他們在新地帶找到新房。大衛展示三間符合夫妻願望的屋子，客觀地說，大衛展示的房子通常看起來都比修繕過的舊房子更吸引人，但每次我看這節目，那對伴侶總是喜歡修繕過的房子，不會選擇賣掉它搬到新家，因為他們太喜歡左鄰右舍而捨不得搬走之類的。這是我們之前探討的熟悉度偏愛的最佳例子。

行為經濟學家理查・賽勒（Richard Thaler）也發現相關現象，稱為「稟賦效應」（endowment effect）。假設我賣一只咖啡杯五美元，好心的你跟我買了這只杯子。一個星期後，我問可不可以把它買回來，如果可以的話要用多少錢買。邏輯上，咖啡杯的價值在那星期當中不應該會上漲，甚至現在這只「用過的」咖啡杯，價值應該低於五美元才對。但是在這樣的實驗中，結果卻是大部分的人索價遠高於五美元！通常最低價的參與者願意將自己的所有物出售的價格，是他們願意將同樣物品買下的最高價格的兩倍，也就是他們希望別人付十美元買下他們用五美元買的馬克杯，這是所有權的心理學，又叫作稟賦效應。一旦你擁有某樣東西，它在你心目中的價值就上升了。這就是為什麼人會高估他們房子的價值，因為他們擁有它且對它產生熟悉感，他們喜歡它且認為它比其他多數房子有價值。這也是為何在

《愛它或者賣它》節目中，主角傾向愛他們的房子勝過將它們出售。

熟悉感的牽引力量，也往往大於變化的牽引力。在一項研究中，消費者被要求規劃接下來三天的點心，這時他們通常會選擇三種不同的點心，例如第一天吃抹茶口味的奇巧餅乾、第二天吃里斯花生醬杯（Reese's Peanut Butter Cups）、第三天吃賀喜牛奶巧克力，理由是他們認為自己不會想連續三天吃同樣的東西，那樣就太無趣了。他們想來點變化！但是令人驚訝的是，當消費者真正被要求為接下來三天購買點心時，他們傾向買三份自己喜歡的點心（以我為例就是抹茶口味奇巧），而不是三種不同的點心。

這項實驗告訴我們，**人喜歡變化這個「概念」，但到頭來傾向選擇同樣的老產品**；我們喜歡每星期去一間不同餐廳的概念，實際上往往一再光顧最喜歡的餐廳。我們在計畫的階段會尋求變化，想像不同的點心是件令人興奮的事！想像在阿爾卑斯山健行是件令人興奮的事！但是到了實行階段，我們傾向追求熟悉和自在，因為我們開始覺察到其他現實因素（例如飛行到瑞士是很長的航程）。當不得不面對真實的選擇時，我們往往會選擇一個有把握的「老贏家」，而不是有風險的產品；我們會安定在某個熟悉的事物，因為嘗試新東西太費事。從長遠來看，我們想要新奇，短期卻想要安全。熟悉度令人窩心且省事，同時有股驚人的力量，引領我們遠離內在的豐富性。

這也跟人類一個更強大的傾向有關，那就是損失迴避（loss aversion）。丹尼爾・康納曼和阿摩斯・特沃斯基（Amos Tversky）詢問受試者：百分之五十贏得一千英鎊的機率，相對於百分之百贏得四百五十英鎊的機率，你偏好哪個？邏輯上我們應該選擇前者，因為前者的期望值為五百英鎊，大於後者的期望值四百五十英鎊。儘管如此，多數人會選擇後者，我們想要安穩獲利，而不是假設性的獲利，即使當假設性的獲利可能比安穩獲利更高，但安穩獲利令人愉快又安心，假設性的獲利則是有風險、讓人焦慮不安。損失迴避使我們做出許多保守的決策，但如果我們總是選擇十拿九穩的選項，將永遠無法到舒適區外一探究竟，如果永遠無法走出舒適圈一探究竟，就不可能遇到任何意料外的事。

有無數多的實證和真實生活案例，證明單純曝光效應和熟悉或確定性的力量，這似乎預示著達到內在富裕是不可能的。在此同時，此處有個有趣的轉折：或許我們不知道自己想要什麼。我們傾向以為跟陌生人講話很無趣，但是一旦真的和陌生人互動時，往往比自己以為的更加樂在其中。換句話說，我們傾向於低估做不熟悉的事情有多麼愉快，跟陌生人說話就是一例。社會心理學家尼克．艾普利（Nick Epley）和朱利安娜．施羅德（Juliana Schroeder）在通勤電車上進行一項巧妙的田野實驗，測試人有多喜歡跟陌生人聊天，他們的研究助理在厚姆德都會站（Homewood Metra）主動接近一百一十八位通勤者，這是特快線電車前往芝加哥市區千禧車站（Millennium Station）的前幾站。他們請三分之一的通勤者「今天和電車上的一位陌生人聊天，試著與對方建立聯繫，找出這個人有趣的地方。」再請另外三分之一的人「今天保持一個人的狀態，享受獨處。」最後請剩下的三分之一「不要改變平常通勤的狀態」。每個人都拿到一個裝著問卷調查的信封，在下電車時完成調查，用附了回郵的信封將問卷寄回。在一百一十八位通勤者中，有九十七人回覆了調查，相較被指派保持獨處的人或控制組，被隨機指派跟陌生人說話的通勤者表示他們的通勤過程明顯幸福很多。

有趣的是，艾普利和施羅德又在厚姆德都會站找來另外十五位通勤者，請他們單純想像如果分別處在跟陌生人講話、獨自一人以及控制條件下，分別有什麼感覺。結果與真實參與者相反，這些參與想像實驗的人預測，跟陌生人講話會比在另外兩個條件下不幸福；換言之，我們顯然誤以為不改變通勤的狀態以及獨處會好過跟別的通勤者講話，我們以為堅持例行的通勤狀態，會好過做出新的社交連結，這顯然是個熟悉度的偏誤。我們在還沒有足夠的探索之前，就決定雇用某位工作應徵者，或跟某個潛在伴侶交往，我們需要克服這種熟悉偏誤，才能探索未知的新事物。

9. 探索的諸多好處

史蒂夫．賈伯斯是不受熟悉偏誤之苦的人，畢竟他十九歲就到印度去熱切探索未知的世界。不幸的是他在那裡生了病，掉了許多體重，但是多年後，他歸功印度的經歷給予他信心去信任他的直覺；多虧了那獨樹一格的決策風格，他做了許多優秀的選擇，也做過一些值得商榷的選擇，這種決策風格是在理性和直覺之間取得平衡。

史蒂夫・賈伯斯是獨一無二的靈魂，如假包換、僅此一人。他在印度的經歷是否可以推演到其他人身上，還是只對他有效？社會心理學家安吉拉・梁（Angela Ka-yee Leung）、威廉・麥道斯（William Maddux）、亞當・加林斯基（Adam Galinsky）以及丘啟昱（Chi-yue Chiu）蒐集的證據顯示，跨文化的經驗似乎能提升創造力，例如當參與者被要求解決鄧克蠟燭問題（Duncker candle problem），你有一根蠟燭、一盒火柴跟一盒圖釘。你能把蠟燭固定到牆上，讓這根蠟燭可以燃燒又不會把蠟油滴到桌子或地板上嗎？這是廣泛被用來測試創造力的任務，在工商管理碩士（ＭＢＡ）的學生中，有較多海外生活經驗的人，比較少外國經驗的人更可能解決鄧克蠟蠋問題；使用不同型態的創造力任務來測試也出現相同的結果。

那麼，為何跨文化的經驗跟創造力有關？梁及其同僚推測，人會從跨文化經驗中獲得新鮮的點子和觀念。我在搬來美國時學到的一個新觀念，就是自己動手建造或者翻修住家是可能的，對美國人來說這是個稀鬆平常的概念，對我則是個顛覆性的想法。要澄清的是，日本確實也有ＤＩＹ，但通常是小型工程，像是做櫃子或書架之類，我從沒想像過非專業人士嘗試自己翻修或建造一整間屋子。那種熱切的渴望、那種拓荒精神，是我以前沒有接觸過的。美式的一體式構架（balloon framing）是個絕頂聰明的發明，讓營建房子變得容易，這些概念對我而言完全是天方夜譚，但現在看來似乎相當普通。假如我決定自己蓋房子，我猜東京的大學朋友一定以為我瘋了。

梁及其同僚也推測，跨文化的經驗教導我們，相同的行為可能有不同的意義，微笑就是個例子。我從小被教導不要在人前微笑，因為那樣可能被認為是不禮貌的唐突行為，但是當我來到美國，每個人都要我多微笑才比較有禮貌！現在當我回到日本，必須有意識地盡量不要微笑，例如有回我到銀座一間新穎的百貨公司，我走進電梯，看著電梯裡的人們，我注意到他們面無表情，一副害怕我的樣子。他們為什麼會怕我？我是個友善的日本人哪！片刻過後我突然想到，當時我與他們眼神相對，而且對他們微笑，這是多不禮貌的行為啊！你在日本應該要這麼做：你進入電梯，絕對不要直視任何人，不要眼神接觸，眼睛往下看，別打擾任何人。梁及其同僚認為，類似這樣的經驗幫助我們了解同一個行為的多重意義，從而幫助我們對一種工具或概念想出多種用途。

近來研究的評論也顯示，跨文化經驗的好處不只是創造力。在國外生活也幫助人清楚感知我是誰、我想追求的生活。有較多外國經驗的人比較信賴他人，也比較能理解並體恤他人，相較於沒有外國經驗的人，曾經探索過世界的人往往比較不會抱持負面的刻板印象和偏見，也比較不會歧視非我族類者。

值得注意的是，也有些令人不樂見的結果與跨文化的經驗有關。例如有較多跨文化經驗的人比較可能會相信道德相對主義，也就是道德和善惡之別並非絕對。此外，有機會在某個表現的任務上作弊時，有較多跨文化經驗的人作弊的次數多於較少跨文化經驗的人。

不管怎麼說，史蒂夫．賈伯斯確實在幾次產品發布會，針對特定的裝置功能對觀眾說過謊，他習慣把車停在全食超市的殘障專用區，表現出道德相對主義的象徵；但賈伯斯也是有創意的人，幫助設計了Mac、iPod、iPad和iPhone，賈伯斯提到他喜愛的音樂家鮑伯．狄倫和披頭四時說：「他們不斷使他們的技藝進化、進展、精益求精。這是我一直努力做的——不斷前進吧。否則就像狄倫說的，如果你不是忙著被生出來，就是忙著死亡。」所以說，不斷前進吧。持續探索，哪怕心理學的偏誤阻礙你。你可能會因此贏得幾個大獎：創造力、經驗帶來的智慧，以及一個屬於頂尖百分之十的伴侶。

第11章

把逆境化為內在富裕的經驗

對一個典型的健康者來說，生病反而激發更多生命能量，令生命更豐富……他將不幸的意外化爲優勢，沒有殺死他的卻使他變得更堅強。

——尼采（Friedrich Nietzsche），《試觀此人》（*Ecce Homo*）

1. 尼采說，沒有殺死你的，將使你更堅強

內在富裕的經驗大多是有意為之的，人通常是自己選擇出國留學、選擇閱讀普魯斯特的作品、選擇觀賞安妮·華達（Agnes Varda）的電影、選擇著手展開一項ＤＩＹ計畫，但

是，意外而至的經驗又如何呢？地震或颶風或疫情等天然災害是意料之外且具挑戰性的經驗，這些經驗通常為受害者帶來新的觀點。所以說，非刻意為之的逆境，是否為人生帶來心理的豐富性？

哲學家尼采將地震視為一種淨化作用，他說：「地震埋葬許多水井，讓許多生靈受苦，但也點亮內在的力量和祕密。」作為一位古典哲學的專家，尼采意識到古老的世界，他在古希臘人身上看見人類在遭逢危機時的最大力量，也就是生命與再創造的意志力。人性中最善的一面，往往出自最惡的狀況。

尼采為他寫的幾篇文章取了俏皮的題目：〈為何我如此有智慧〉（Why I Am So Wise）、〈為何我如此聰明〉（Why I Am So Clever）、〈為何我能寫出這麼好的書〉（Why I Write Such Good Books）。他是個愛搞笑的人。他怎麼會有那麼多洞見？尼采將之歸於他的疾病。一八六九年，年僅二十四歲的他被任命為巴賽爾大學（Basel University）的古典文獻學（philology，語言史的研究）系主任，也是有史以來被任命此職位的最年輕者；一八七六年，疾病迫使他離開巴賽爾。久病不癒讓他有機會徹底改變習慣，後來他回憶道「它准許我，它**命令**我忘記，它給予我安靜臥床、休閒、耐心等待的必要性。但那也意味著思考的必要性。」尼采在病中停止閱讀，開始思考。他回顧人生，說他病得最重且最痛苦的時期，也是最幸福的獨處時期，在生病期間，他感覺自己回到自然狀態的自我。「從病弱者的角度看待更健康的概念和價值，然後反過來，從充實與自信的豐富生活的角度，深入檢視頹廢本能的祕密作用……現在我知道並懂得如何翻轉觀點。」尼采將他的病作為觀點改變和智慧的來源，他認為逆境有產生心理豐富性的潛能。

2. 康納曼的「有趣」人生

丹尼爾·康納曼贏得二〇〇二年諾貝爾經濟學獎，他和阿摩斯·特沃斯基聯手在一九七〇和八〇年代出版了一系列有影響力的論文，確立他成為世界頂尖心理學家的地位。他的論文不僅改變心理學家對人類認知的看法，也改變經濟學家對理性的看法，而許多現代經濟學都建立在「理性」這個基礎的假設上。例如在一篇被廣泛引述的一九七四年論文中，特沃斯基和康納曼敘述了三種啟發法：代表性捷思法（the representativeness heuristic）、可得性捷思法（the availability heuristic）以及定錨與調整捷思法（the anchoring and adjustment heuristic），每一種都產生上千份進一步研究的論文（這篇一九七四年發表的論文，光是二○二二年一年就有四千九百五十一篇論文引述，可見其歷久不衰的影響力）。

但是，二○二四年過世、享耆壽九十歲的康納曼不僅是諾貝爾獎得主，整個人生經歷也相當特別。他七歲時逃離被納粹占領的巴黎，康納曼在諾貝爾的傳記中回憶一次恐怖的事件：「當時肯定是一九四一年末或一九四二年初，猶太人被要求戴上大衛之星（納粹用來識別猶太人），並且遵守晚間六點的宵禁。我去找一位基督徒朋友玩，結果待到太晚，我把棕色外套翻過來穿，走幾條街回家。正當我走在一條空蕩蕩的街道時，看見一位德國士兵朝著我走來，他身上穿的，是我被告誡要戒慎恐懼的黑色制服，那是特種武裝親衛隊士兵穿的。他愈來愈靠近我，於是我試著加快腳步，我注意到他刻意直視著我，接著他招手要我過去，他將我舉起，抱在懷裡。我很怕他會注意到我外套裡面的大衛之星，他情緒激昂地用德語跟我說話，當他將我放下時，他打開他的錢包，給我看一張男孩的相片，給了我一些錢。」當時真是驚險萬分。康納曼接著寫道：「我回到家，對母親說過的話更加深信不疑，那就是人是極其複雜且有趣的。」他將自己成為心理學家一事歸功於母親的啟發。

康納曼的父親被拘留在德朗西（Drancy），照理說要被送去一處滅絕營，但受到他的雇主介入而獲得釋放。後來，他們全家逃到維西（Vichy），但是德國人到來後，他們又得再次逃難到法國中部，他的父親於一九四四年過世，其餘家人於戰後搬到巴勒斯坦。

康納曼畢業於希伯來大學，在以色列陸軍服役一年，擔任排長，之後在以色列國防軍（Israel Defense Forces）的心理部門服役一年，然後才來到加州大學柏克萊分校攻讀研究所。他對許多不同的主題感興趣，因此研究主題五花八門，包括閾下知覺（subliminal perception）、萬能光具座（optical benches）、性格評估（personality assessment）、路德維希．維根斯坦（Ludwig Wittgenstein）以及科學哲學。在他與阿摩斯．特沃斯基針對認知偏誤展開知名的合作前，康納曼研究過心理分析、記憶、視覺和動因。與特沃斯基的合作結束後，康納曼繼續研究愉快與痛苦，之後是幸福與生活滿足，為他的每個研究主題打下堅實基礎。

了解了他作為排長、教師和學者身分對社會的多樣貢獻，你或許會期待康納曼認為他的人生是極度有意義的，是吧？錯了。康納曼並不將他的人生歸納為有意義的人生。在二〇一八年的一次訪談中，他說：「我回憶跟正向心理學創始者馬丁·賽里格曼的一次對話，在那次對話中他試圖說服我，我的人生非常有意義，我當時堅持——而且到今天我還這麼認為——我的人生是有趣的。『意義』並非我所能理解。」

康納曼也不認為他的人生全然幸福。在同一次訪談中，他說：「我曾經獨自撰寫一本書達四年之久，當時真可怕，蠻悽慘的。」康納曼——逃離納粹占領的巴黎，二次大戰期間逃難三、四年，之後贏得諾貝爾獎——在人生中體驗到許多苦難和幸福，他說「有趣」是他人生的最佳形容詞，但我會稱之為內在富裕。

3. 當颶風席捲紐約市

二〇一二年十月二十九日，颶風珊蒂侵襲紐約市，六十四歲的藤本貴志獨居在史泰登島一間公寓的地下室，當他正在使用照相燈光器材時，大水開始湧入公寓，他試著拉掉插頭，結果觸電，整晚在淹大水的公寓中時而清醒、時而恍惚。第二天早晨，房東在泥漿中發現他，於是叫了救護車。藤本因觸電和燒傷住院三十七天，他的所有物大多被毀，但是天主教博愛基金會（Catholic Charities）提供他五百美元的救濟金，讓他買一件禦寒的外套、衣服和鞋子，根據《紐約時報》的敘述：「藤本先生在談到那些幫助他在風暴後復原的人時，眼泛淚光。『這經歷改變了我的人生觀』。」

藤本的颶風經歷完全不是出於自願。雖然他為之前三十六年的獨居生活感到驕傲，但這次的瀕死經驗改變了他，儘管可怕，他卻重新肯定對社群的信念，甚至在此之後繼續住在同一處公寓的地下室，擁有相同的房東和鄰居。

雖然紐約市的復原速度相當快，但紐奧良在遭遇卡崔娜颶風後花了好幾年才恢復原狀。二〇一八年，就在颶風發生十三年後，喬．布里吉（Joe Bridge）和兒子喬丹回想卡崔娜的影響，他們先是疏散到亞特蘭大，接著到華盛頓特區。二〇〇六年一月，他們回到紐奧良。喬說：「這讓我有點失望，因為我們之前住在一切美好的華盛頓特區，很舒適。當我回到紐奧良，這裡一副被炸彈炸過的樣子。」二〇一八年，喬丹還能看到因為卡崔娜而被棄置的房子，他形容這場風暴宛如「面紗」，依舊籠罩著這座城市。儘管災害的破壞性持久，喬丹說：「我認為我們的城市因為颶風而變得更好，更堅強、更團結。跟心愛的人和朋友經歷像卡崔娜這麼大的事件，情感連結將持續到永遠。」卡崔娜和珊蒂颶風摧毀許多人的生命，但正如尼采說的，也點亮了最偉大的人類力量，也就是慈悲。

4. 當地震襲擊神戶

一九九五年一月十七日，規模七．三的地震撼動了日本神戶及周遭區域，這場俗稱的阪神大地震震央接近神戶市區，一個擁有一百四十二萬人口的城市，倒榻的房屋、毀損的高速公路和火災使神戶看似戰區，超過十萬間房屋全毀，六千四百多人罹難。在日本，東京和東北地區是大家所知的地震頻繁區，神戶和關西則否。因此這次的地震令神戶居民感到意外與震驚。

這些經驗造成多深的心理瘡疤？為了瞭解這點，我利用學術休假的一年（二〇一二至一三年）來到神戶，分析了兵庫縣康復程度調查（Hyogo Life Recovery Surveys），這項調查於二〇〇一、二〇〇三、二〇〇五和二〇一一年在神戶市各地及其周邊區域舉行，保險公司檢視受損的房屋，將它們分成全毀、半毀、部分毀損以及沒有毀損四類。二〇〇一年，神戶及其周邊區域的所有實體損傷全部修復，意思是在第一次調查時，於一九九五年房屋遭到完全毀損的受調查對象，到了二〇〇一年當時的居住條件已經和未受地震損傷的房屋沒有顯著差異。

然而對失去家園的人來說，心理的瘡疤依然肉眼可見。例如在二〇〇一年，家園被一九九五年地震完全毀損的神户居民，對自己的生活顯然較不滿意，且比那些房屋在同次地震中毫髮無傷的人相比之下，前者顯示較多的負面情緒與較多的身體疾病。換言之，時間並沒有療癒一切，因為在二〇〇三、二〇〇五，甚至是地震後十六年的二〇一一年調查結果，都跟二〇〇一年的調查類似。心理的免疫系統對地震造成的破壞來說並不夠用，受害者對他們的人生仍然明顯較不滿意，且在經過這麼多年後，仍然表現出較多的負面情緒和身體疾病。

我們的調查也指出，房屋毀損得愈嚴重，也愈可能失去心愛的人，這種人際的損失，也可能對身心狀態產生持續的負面影響，因此我們在檢視房屋損傷的同時，也檢視親人的失去。我們的分析顯示，房屋損傷和失去心愛的人，分別對身心健康有獨立的影響，受調查者遭受的房屋損傷和人員的損失愈多，對人生的滿意度愈低，負面情緒和健康問題也愈多。簡單來說，神户地震是個時間無法療癒一切的悲劇案例。

5. 天災的經驗是否使我們更加樂群？

在《蓋在地獄的天堂》（*A Paradise Built in Hell*）這本書中，蕾貝卡・索尼特（Rebecca Solnit）記錄了無數災難受害者之間互相幫助的案例。例如在一九〇六年的舊金山大地震後，安娜・荷肖瑟（Anna Holshouser）在一處難民營開設臨時湯廚，在海灣對面的奧克蘭（Oakland）的支持下，每天供餐給兩百至三百人，索尼特的結論是：「在同一個城市甚至是鄰近社區，圍繞著他們〔傷者、死者、孤兒〕的經常是在外圍那些多半身體無恙卻內心遭到瓦解的更多人，要緊的是災難的破壞力，它顛覆舊有秩序、打開新可能性的能力……連結到人類存在的核心，喚起人最強烈的情感和能力，這樣的情感深度可以是豐富的，即使是在戰爭與緊急事件的生死交關時刻。」索尼特似乎是認為天災揭露人的真實本質，來到存在的最深層部分，甚至幫我們領悟內在的至善至美。相對地，她指出「人通常假設是幸福的情況，有時只是與心靈深處隔絕罷了，否則，那些在舒適生活中蔓延的無聊與焦慮又該怎麼解釋？」

因此根據索尼特的見解，即使像一九九五年阪神大地震這種具破壞性的天然災害，應該也會帶來些許慰藉。我還記得一九九五年看到倖存兒童在電視上接受訪問，他們被問到長大想做什麼，很多人說要當護士、救火員跟醫生。就像藤本貴志在史泰登島的經歷一樣，這場破壞力極大的地震是否可能改變這些孩子的人生觀，使他們更加樂群？

關於這點，最好的直接證據在讓．德賽迪（Jean Decety）及其同僚的研究中。他們針對二〇〇八年四月住在中國四川省六至九歲的兒童蒐集有關利他主義的資料，短短一個月後的二〇〇八年五月十二日，規模七．九的地震重創四川，地震後一個月，研究人員蒐集同一所學校另一群六至九歲兒童的資料，如此創造了一種自然實驗，地震前後的參與者宛如是隨機選取（意思是在地震發生前被研究的兒童與地震發生後被研究的兒童應該沒有差異，除了曾經歷過巨大的地震）。

實驗的進行如下：每次邀請一位兒童到校內一個安靜的房間，一位女性研究人員在那裏等著他們，告訴他們可以從一百張貼紙中，挑選十張貼紙給自己。在兒童挑了他們最喜歡的十張貼紙後，研究人員告訴他們，有幾位同班同學沒有被選中來玩這個遊戲，所以不會得到貼紙。但是，他們可以把自己拿到的十張貼紙捐個幾張出來，他們拿到一個空信封，用來裝想捐給不知名同學的貼紙。這節實驗結束後，研究人員計算每位兒童捐出幾張貼紙，用來衡量利他的給予行為。在地震前，九歲兒童平均從十張貼紙中給予一點多張，地震過後一個月，九歲兒童平均給予的則是十張貼紙中的大約四張。

是否有其他證據顯示，經歷天然災害對受害者的價值觀和職業偏好產生長期性的影響？為了探索這個問題，我們檢視了從一九八九至二〇〇〇年間神户和東京的市政層級工作應徵趨勢，兩者的區別在於神户在那段期間經歷過大地震，而東京則否。我們檢視有多少人應徵社工、救火員和幼兒園教師（日本市政層級的雇用工作），發現一九九五年在神户地區每個職位的應徵人數暴增，但東京地區則沒有，這些發現意味地震使服務人群的工作變得比較受人偏愛。

還記得即使在阪神大地震的十六年後，在地震中失去家園的神户居民相較於房屋沒有被損壞的人，前者依然對自己的生活較不滿意，且表示有較多的身體病狀，這些發現顯示天然災害對倖存者的身心健康造成持續的負面影響，悲劇烙印在他們的自我認同和人生故事，且可能剝奪他們的幸福和正常生活。沒有人想遭受如此悲劇，但即使災後幸福變得遙不可及，倖存者依然過著不錯的生活。人類一些最美好的本質，確實在這些艱困時刻浮現，因而緩解悲傷的情緒，地震倖存者的觀點改變，可能表示現在他們的人生比過去更具內在豐富性，換言之他們發掘了「廢墟中的寶物」。

6. 新冠肺炎（COVID-19）令人驚奇的結果

新冠肺炎大流行擾亂每個人的生活，改變生活和工作的方式，它是否改變我們對世界的看法？是否提高心理豐富程度？一份研究檢視，在大流行早期曾經暴露在新冠肺炎的人（也就是研究對象本人、家庭成員或友人曾經確診或死於新冠肺炎），比不曾暴露的人展現出更樂群的行為。首先，參與者拿到預期外的獎金，在美國是五美元，在義大利是四歐元。接著他們被問及是否願意把其中一些錢捐給居住所在的州／地區的慈善機構、全國性的慈善機構，或者國際慈善機構。他們被告知研究人員將會捐出他們捐款的兩倍。曾經暴露在新冠肺炎的美國和義大利參與者，不僅比沒有暴露在新冠肺炎的參與者更可能捐錢給慈善機構，捐款的金額也比較多，這些發現顯示，個人的新冠肺炎經驗會改變受害者的價值觀，朝向更利他的方向。

新冠肺炎這種不常有的經驗，是否提高了內在富裕程度？麥可・達倫（Micael Dahlen）和海里格・托爾布約恩森（Helge Thorbjornsen）直接測試這個問題。在二〇二一年四月的第二週，九百七十三位瑞士人匿名填寫一份問卷，問到他們新冠肺炎的狀況以及是否感覺自己擁有內在富裕的人生，結果曾經染疫的人表示的內在富裕程度高於未曾被感染者；有過新冠肺炎經驗的人，比起從未有過病毒經驗的人，較不可能表示他們想把大流行期間從人生中抹去，也就是說，那些曾有過新冠肺炎的人，比不曾染疫的人**較少**悔恨。

達倫和托爾布約恩森隨後於二〇二一年六月針對一批具代表性的瑞典人樣本進行了第二次調查。跟第一次研究的結果相同，之前染疫的人表示人生比不曾染疫的人更具內在富裕性，染疫過的人對死亡的焦慮程度，低於不曾生過此病的人，因此，染疫經驗顯然使他們比較不怕死亡，幫助他們無畏地活著。（不過，此處當然也有可能是相反的因果關係：那些天不怕地不怕到處趴趴走的人，擁有比較內在富裕的人生，也比較可能感染新冠肺炎。）

7. 世界因有魔鬼而更豐富

不用說，我並非主張像戰爭和瘟疫之類的悲劇事件是正向的，有些災難在事件本身之外引起更糟的後果，例如大屠殺或大規模暴力事件。就在一九二三年關東大地震過後一天，有關韓國人搶劫和暴動的謠言不脛而走，結果引發恐慌，大東京地區至少有六千名韓國人被殺。同樣地在卡崔娜颶風後發生「菁英恐慌」，對社會失序產生過度恐懼，於是人們組成自衛隊，對黑人居民無端施暴，諸如此類的事件原本不應該發生，自然災害過後有些人長久處在創傷狀態，有些人決定結束自己的生命。

然而研究顯示，大部分的人具有很大的韌性，大部分的人確實能夠向前邁進。心理韌性研究的世界級權威安・瑪斯頓（Ann Masten），對數十年關於韌性的研究做出如下結論：「對年紀輕輕便展現韌性的孩子，學術研究與大眾媒體會暗示這些孩子有過人之處，經常用堅不可摧（invulneralbe）、百折不撓（invincible）之類的字來形容……把有韌性的兒童視為具備超凡力量或內心強韌的傑出個體，這樣的觀念持續存在，甚至學術作品中亦如此……韌性研究的一大驚人之處，在於這種現象的平凡。韌性顯然是普遍現象，它在多數案例中來自人類基本適應系統的運作。」她的研究印證了日本的俗諺「七轉八起」，意思是「跌倒七次，爬起來八次」。

在艱困時期，當幸福遙不可及時，有其他價值觀可供我們塑造自己的人生。面對不幸事件的其中一種思考方式是：即使這些經驗本身遠稱不上快樂，但可能無意間使我們的生命更加豐富。一幅圭多・雷尼（Guido Reni）的畫作，顯示米迦勒（St. Michael）將腳踩在撒旦的脖子上，威廉・詹姆斯（William James）對這幅畫的評論是：「世界因有魔鬼而豐富，只要我們把腳踩在他的脖子上。」心理的豐富性和不幸感可能並存，只要不幸感被控制在一定的程度。

第12章 我們說的故事

我們有多常訴說自己生命的故事？我們有多常調整、美化、偷偷刪改？活得愈久，就愈少人在周遭挑戰我們說過的話，愈少人提醒我們，我們的生命不是我們的生命，只是我們口中關於我們人生的故事罷了。說給別人聽——更主要的是說給自己聽。

——朱利安．巴恩斯（Julian Barnes），《結局感》（*The Sense of an Ending*）

1. 有趣的人生vs.有趣的故事

在前一章，我說明自然災害的經驗往往使受害者更關心他人的幸福，給予他們新的人生觀。但他們的經驗是否真的豐富他們的人生，取決於他們說給自己聽的故事。有些故事充滿戲劇性、難忘且振奮人心，有些故事則是看不到希望，沮喪且黑暗。在本章，我將深入挖掘說故事在心理豐富性扮演的角色。

內在富裕在本質上與故事的質與量難分難解，你的故事愈有趣，人生也愈具心理豐富性，但是正如朱利安·巴恩斯指出的，我們口中自己生命的故事會隨著時間而異，你如何述說你的人生故事？更廣泛的問法是，說故事能力在創造心理豐富性上有多重要？故事的結構有多要緊？例如，述說喬治·布希的故事時，可以說他顯赫的家世背景，循著父親和祖父的腳步，一個舉足輕重的政治世家的溫順長子。你也可以換種方式述說喬治·布希的故事，加入他的叛逆歲月，以及他父親老布希其實並未對他抱持太多期待，這個版本是一個被寵壞的富家子如何變成愛讀聖經、不喝酒、慈悲且保守的政治人物。我要問你的是：我們能刻意讓人生聽起來像是內在富裕的人生嗎？

2. 重新導向：故事編輯的藝術

知名的心理學家提姆・威爾森（Tim Wilson）在其著作《重新導向》（*Redirect*）中探討這個過程，他稱之為「故事編輯」。故事編輯是「一套技術，用來轉變自己故事和社交世界的方向。」舉例來說，你可以編輯自己的故事，突顯你人生中面對過的所有挑戰。出生於耶魯世家的小布希，在耶魯時應該沒有面對過艱困的挑戰，但他可以說耶魯在他大學期間（一九六四至六八年）經歷了劇變——隨著反建制的情緒高漲，像他那樣有祖先庇蔭的學生第一次遭到鄙視，他證明自己的價值，而且是用一種反生產力的方式，也就是酗酒和開趴。他可以重新塑造他在耶魯的日子，成為三十幾歲蛻變為成熟男人的序曲，藉由強調十幾二十歲時有多頹廢來突顯他的進步。

這是用一種相當健康的方式來思考自己是個什麼樣的人，在安・威爾森（Ann Wilson）和麥可・羅斯（Michael Ross）的一項研究中，修入門心理課的大學生的家長被要求回答他們相對其他同齡的人而言，有多麼心胸寬闊、自信、具社交技巧等，使用零到十分的量表，從零（比多數人差很多）到五（跟多數人一樣）到十（比多數人好很多）進行評分。家長們被要求就以上問題，針對目前的自己（平均年齡四十九歲）回答，接著回答他們在十六歲時、他們在孩子這個年齡時（平均二十歲）以及介於他們的年紀和孩子年紀之間時（平均三十五歲）。關於正向的特質如心胸開闊、自信和具社交技巧，家長們的平均分數從十六歲時的五．八七分穩定成長，意思是分數略高於平均，來到他們在孩子年紀時的六．六七分（大約二十歲），到他們大約三十五歲時的七．二一分，到現在（大約四十九歲）的七．四七分——遠比一般四十九歲的人心胸開闊、自信且具社交技巧。結果顯示，大部分的美國人認為他們在許多正向特質的分數高於平均，這些特質包括領導技巧和社交技巧（但不包括具體能力，如音樂技巧和數學能力）。然而這份研究更有意思的地方在於，家長似乎低估他們年輕時的技能，如此才能感覺自己大有長進。

但是，這份研究中的家長在年輕時，可能確實比較欠缺社交技巧和自信，這點無從確知。為了更深入洞悉，威爾森和羅斯進行一次縱向研究。九月學年開始時，他們要求大學部的參與者，評估目前的自己在獨立、自信和社交技巧方面，相對同齡大學同儕的情形，大約兩個月後的十一月，他們被要求再度表示自己目前在獨立、自信和社交技巧方面相對同齡同儕的情形。第二次學生們也被要求回顧學期開始時的情況，評估當時的獨立、自信和社交技巧。透過評估目前的自己以及記憶中過去的自己，就可以將自己的回憶跟兩個月前的真實評分做比較。九月他們在同樣零到十分的評分中，將自己在這些正向特質評分為六・三五分（遠高於平均），十一月，他們在正向特質的自我評量為六・〇五分。九月的評分顯著優於十一月的評分，但是在十一月時，他們「印象中」九月的自己要比十一月的自己差很多，他們記憶中對九月的自我評量才五・七四分！

威爾森和羅斯將論文題名為：〈從吊車尾到火車頭：人對早期和目前自己的評估〉（From Chump to Champ: People's Appraisals of Their Earlier and Present Selves）。透過將過去的自己視為不太有自信、不太有社交技巧或不太獨立，就可以認為現在的自己在這些方面強很多。借用提姆・威爾森的術語，我們不斷在做故事編輯，而矮化過去的自己是一種編輯的方法，現在的我還是害羞，但我年輕時更害羞，因此我可以說，相較年輕的時候，我已經好很多了。我不是優秀的作家，但我年輕時文筆差到爆，因此相較二十五歲的時候，我已經變成比較好的作家。用這種方式，我可以感覺自己隨時間成長了。

3. 我們可以從別人的奮鬥學到什麼

我們可以在許多層面上矮化過去的自己，從成熟度到寫作技巧乃至道德，但很難在客觀表現上進行故事編輯。如果你是我這個年紀的馬拉松選手，你清楚知道你在十年前、五年前和上個月的表現，紀錄可能是十年前二小時三十一分，五年前二小時三十九分，上個月二小時四十八分。如果你是大一下學期學生，你清楚記得第一學期的學業表現，如果分數沒有進步，就很難採用「從吊車尾到火車頭」的敘事方式。

但是，即使用比較客觀的衡量方式，人們還是傾向相信個人成長的敘事。提姆·威爾森和派翠西亞·林維爾（Patricia Linville）進行一項有趣的實驗，能說明以上現象如何發生，他們找來杜克大學大一下學期的學生，而且這些學生在第一學期的表現不盡理想。其中半數觀看高年級學生的訪談，談論他們在第一年時表現有多差，但是隨著時間而進步。一位受訪者表示他的平均學業成績（ＧＰＡ）從二．〇上升到二．六再到三．二。研究人員也讓這組參與者看高年級學生的調查結果：「六七％的學生表示大一分數低於預期，六二％表示ＧＰＡ從大一上學期到高年級期間顯著進步。」另外一半的參與者沒有收到任何資訊。所有參與者完成一份問卷，然後是一個短版的研究生入學考試（Graduate Record Examinations, GRE）閱讀測驗和同字母異序問題，一星期後再進行另一個版本的ＧＲＥ閱讀測驗和同字母異序問題。

相較沒有ＧＰＡ資訊的控制組的ＧＲＥ成績表現，在有ＧＰＡ資訊條件下的參與者表現從第一週到第二週有顯著進步。他們也期待ＧＰＡ從第一年到第二年的進步程度大於控制組，驚人的在於那些獲得ＧＰＡ資訊條件的學生，從大一上學期到大二下學期的ＧＰＡ果真提高了〇．三四，而沒有資訊條件的學生，ＧＰＡ則是下降〇．〇五。最後，在沒有資訊條件的學生中，二五％在大二結束前從杜克大學轉學到別處，至於有ＧＰＡ資訊條件的學生則是五%轉出杜克大學。

威爾森和林維爾的實驗顯示，有個模範——知道有人經歷過類似辛苦的經歷但最終獲得成功——提供了一種想法和希望，那就是進步和活下來是可能的。此處故事編輯的關鍵範例是，學生們如何看待他們在第一學期不理想的學業表現。他們不是說：「我沒有聰明到可以上杜克。」而是學會說：「每個人的第一年都很艱難，連聰明的學生都很辛苦。」

類似情況是，物理對多數人來說是個困難的科目，當我們想到伽利略、牛頓和愛因斯坦之類的天才時，會以為一切對他們來說都是自然發生，他們跟我們完全不同。因此當我們必須學習$E=mc^2$時，很難對愛因斯坦產生認同，但是，如果你被告知愛因斯坦也歷經千辛萬苦呢？他不滿意他的相對論理論，因為沒有把電磁學納入，他試圖把電磁學和重力現象整合在一起，可惜永遠沒能辦到，儘管他把最後二十五年人生都花在上面。了解這點，洪煌堯（Huang-Yao Hong）和曉東．林—西格勒（Xiaodong Lin-Siegler）進行了一項實驗，告訴一組十年級的學生有關伽利略、牛頓和愛因斯坦的奮鬥故事，同時只告訴另一組學生他們的非凡成就，接著所有學生參加三門相同的物理課。

不可思議的是，聽到偉大科學家奮鬥歷程的學生，在研究結束後對科學的感興趣程度，高於只聽到偉大科學家們重要成就的學生們。此外，他們更記得住在連續三堂課期間學到的關鍵概念，也認為伽利略、牛頓和愛因斯坦必須努力才能成功，而那些成就條件下的學生則認為他們天生就是天才。得知科學家們奮鬥經歷的學生，必定已經將他們面對的挑戰常態化，一如得知即使聰明的孩子在大學第一年也得努力拼命的杜克學生。整體而言，了解科學家們的奮鬥提高了中學生課堂的認真程度和表現，從威爾森和林維爾一九八二年具開創性的論文以來，已經在不同的環境設定下進行過無數次這類的介入型研究。

對我而言，重新導向的最大啟示是，**自己的故事操之在己**。你可以從不同角度看自己的奮鬥，而這些奮鬥歷程的新詮釋，成為邁向自我理解和進一步轉變的基礎。編輯你的故事，刪除舊版本的自己，相信新版本的敘事，我不是叫你把所有不好的經歷編刪、創造人生故事的幸福版本，完全不是這樣。你應該保留大部分、甚至全部的負面經歷，用這些經歷作為往後轉變的跳板，作為人生故事的轉捩點。

你無法讓平淡的生活搖身變成內在富裕的生活，我敢說連維吉尼亞·吳爾芙都辦不到，但如果你有過不尋常的經歷，例如地震、颶風或人生中的艱難時期，就可以編輯這些經歷，使它們變得更有趣味，那將成為你的故事和代表你這個人的一部分，內在富裕人生的核心是經驗本身，除非你的一生充滿有趣經驗，否則就不會是內在富裕的人生；但如果你成為更好的「故事編輯者」，就可以擷取經驗中最有趣的一面，使你的故事更具心理豐富性。故事編輯的另一個好處是，好好編輯過的故事比較容易被記住。

4. 敘事複雜性的關鍵

過去四十年來，心理學家丹・麥克亞當斯（Dan McAdams）研究「敘事身分」（narrative identity），也就是利用名叫「人生故事訪談」（Life Story Interview）的方法述說自己的人生故事，訪談一開始是這麼提示的：「請開始思考你的人生，就好像它是一本書或小說。想像這本書有目錄，包含故事中主要章節的標題。首先，請簡短敘述書中有哪些主要章節。書的目錄是什麼樣子？你會寫多少章節？如何替每一章取名？」

當受訪者回答完這些問題，接著要思考故事中最明顯的幾個關鍵場景：你人生的高點和低點分別是什麼？轉捩點是什麼？你能不能舉出一個童年的美好回憶？你能不能舉出一個童年的負面回憶？

接著，受訪者被要求想像他們的未來：你人生的下一章是什麼？你有什麼夢想、希望和計畫？接著是關於挑戰、宗教、政治意識形態和價值觀等問題。最後，受訪者被要求省思自己的人生故事，從中擷取出一個主題，可想而知，這樣的訪談通常要花幾小時。

敘事的分類方法有許多，但以救贖敘事（redemption narrative）以及傳染敘事（contamination narrative）這兩種型態為主，小布希的故事是典型的救贖敘事，從好到壞最後碰觸到一個轉折點，以喜劇收場。小布希的故事是如此樣板，麥克亞當斯甚至寫了一本書，題名為《喬治布希和贖罪之夢》（*George W. Bush and the Redemptive Dream*）；另一個原型是傳染敘事，故事一開始是好的，但在某個點開始走樣。

敘事身分，或者說我們如何述說自己的人生故事，跟不同的人格特質相關。例如述說救贖故事的人表示自己比較勤懇認真，親和、外向且比較不神經質。嚴謹認真、親和以及不神經質的人，人生敘事的情緒基調比不具備以上三者特質的人更加正向。對體驗持開放態度的人述說的故事，往往比不是這樣的人更複雜，因此性格會影響人如何述說自己的人生故事。

近來的研究也顯示，人生故事的觀點會改變人述說的方式，例如班傑明．羅傑斯（Benjamin Rogers）及其同僚，問半數參與者一系列問題，像是：「什麼造就你這個人？」「什麼環境的改變或新奇的經驗，使你的人生旅程變成你今天的樣子？」「你正在努力達成哪些整體目標，導致你成為今天的你？」「有哪些挑戰或障礙，例如勁敵、對手或負面的事件，成為你旅程的阻礙？」「在你的旅程中，你個人是如何成長，成為你今天的樣子？」「你的旅程在哪些方面留下傳奇？」以上提示應該能帶領一個人把自己想成故事的主人公。另一半的參與者則被問一系列平凡無奇的問題，像是：「說說你人生的各種主要部分……例如你的工作和你的家庭。」以主人公身分述說自己的故事，讓人感覺自己的人生更有意義且多采多姿。到頭來，你如何看待你在自己人生中的角色——無論你將自己視為故事的主角，還是一個旁觀者——確實會影響你講述故事的方式，以及你的人生是否聽起來更讓人感到滿足、更有意義以及更加內在富裕。

5. 建構心理豐富性的基本檔案

「記憶」是內在富裕人生的關鍵。如果忘記過去的某個事件，就沒有機會把那個經驗加入心理財富的基本檔案，但是我們如何記憶？只要看看認知科學，就很清楚深度處理、預演和整合是關鍵。換句話說，我們需要注意什麼正在發生，經常思考某個事件並且詳細說明，以便記得它。

有些人天生比較會反思。如果你每天晚上反省白天發生的大小事，比較容易記住那些事件。感官追求者的人生，為何可能比非感官追求者的人生不具心理豐富性——儘管感官追求者更著重多樣、新奇的經驗——理由之一在於他們不省思自己的經歷。在一項研究中，感官追求者在短期記憶和工作記憶的任務上，表現不如非感官追求者；少了省思，經驗就只是片刻的悸動，經過一會兒，這些人就需要更多興奮刺激。感官追求者就像是成天派對狂歡，賺多少花多少的百萬富翁，他們在白白浪費自己的冒險經歷，沒有將心理豐富的經驗存起來。

如果你不是天生有內省傾向的人，你能怎麼做？一種方法是讓某人測試你日常生活的記憶，例如妻子曾經問我：「繁宏，你還記得古根漢的那個展覽嗎？有個瑞典女人……她叫什麼名字？」「我完全不曉得妳在說什麼，我們什麼時候去的？」「我們搬到紐約的第一年，是冬天。展覽超級抽象。」「哦……很巨大的粉紅色畫作嗎？是阿芙．克林特（Af Klint）還是什麼的？」「對，是希爾瑪（Hilma）！」然後我們就想起希爾瑪．阿芙．克林特（Hilma af Klint）創造了她令人驚嘆的抽象畫，比皮特．蒙德里安（Piet Mondrian）和瓦西里．康丁斯基（Wassily Kandinsky）更早，也未跟任何前衛派藝術家有任何的直接關聯。阿芙．克林特不同於多數藝術家，她希望眾人在她死後才見到她的作品。

要不是妻子問這些問題，我不會想起克林特的畫展，更不會記起她的畫。因此，讓人們問你關於你過往的經驗真的很有用，我的妻子、孩子和學生曾經為我充當這樣的角色，他們也是很好的聆聽者，如果你有一群著迷於你的聽眾，就更可能每天告訴他們發生的事，重新敘述能幫你想起曾經發生過的事（即使故事本身並沒有精準回憶起真實發生的事）。

好的傾聽者不僅問對的問題然後仔細聆聽，也幫助你精心打造一個故事，並且明白故事的重點。例如在托妮・莫里森的著作《驕女》（*Beloved*）中的人物西斯索（Sixo），解釋為何要走三十英里路去見心愛的女人。「她與我心意相通，把屬於我的斷簡殘篇拼湊起來，用完全正確的順序放回去。你知道的，當你有個女人與你心意相通，真的很好。」好的治療師也幫助拼湊令人迷惑的斷片。找到一個可以述說過往經驗的人，幫助你消化、記憶並且增長你的經歷。

你們之中的一些人或許不喜歡有人作伴。有些人就像電影《黑金企業》（*There Will Be Blood*）中的丹尼爾・普蘭佽（Daniel Plainview，由丹尼爾・戴・路易斯飾演），他說：「我在人身上看到最壞的一面……我想賺夠多錢，就可以遠離每個人。」如果你喜歡獨自解決問題，寫日記並一再閱讀是個記錄經驗的絕佳方法。厄尼斯特・海明威（Ernest Hemingway）二十幾歲在巴黎度過，他詳細地寫下日記，在一九三〇年離開巴黎前，他把日記放在一只皮箱內，儲存在麗池飯店的地下室；一九五六年，他跟麗池的經理共進午餐，對方告訴他說，他的皮箱還存放在地下室！於是海明威到地下室取出皮箱，從中發現來自一九二〇年代的日記，他閱讀了自己在巴黎的經歷，後來也寫進他的回憶錄《流動的饗宴》（*A Moveable Feast*）。他在書名下寫道：「如果你夠幸運，年輕時曾在巴黎生活，無論你的餘生去哪裡，這段記憶都會跟著你，因為巴黎是個流動的饗宴。」海明威擁有如此大量特別的人生經驗，從一次大戰、二次大戰到西班牙內戰（Spanish Civil War）。他寫日記的新聞工作者習慣幫助他記憶，並且在未來的歲月中珍惜這些獨特的體驗，於是，海明威蒐集到了許多流動的饗宴。

我因為太懶而不這麼做，但日記和筆記是替未來打下內在富裕的基石。寫日記的好處不僅是幫助記憶，詹姆斯．潘尼貝克（James Pennebaker）發現透過書寫可以整理思緒，克服創傷的事件，逐漸明白你為何做這件事，或者那件事為何發生，以及其所代表的一切意義。同理，你也可以看著舊相本重溫記憶。

整體來說，同一系列的事件可以用不同方式敘述，透過故事編輯變得更有趣，藉由強調奮鬥和挑戰，賦予你的敘事一個架構和轉折。藉由聚焦在危機以及如何克服危機，就可以把相同的故事變得更像英雄的旅程。第四章提到的艾莉森・高普尼克在《大西洋》雜誌中的故事令人驚嘆，因為故事從一個突發的危機開始，引起一段漫長且意外的知性之旅；托妮・莫里森的《所羅門之歌》（*Song of Solomon*）如此之好看，是因為主角梅肯・死了三世（Macon Dead III）——小名牛奶人——起初完全一無所知，讀者逐漸與他一起弄懂他家庭的祕密，以及「所羅門之歌」的真正意義。基本上，重點不在如何講述故事本身，而是你真正擁有什麼值得講述的經驗，是否反思這些經驗，以及是否可以將這些經驗留存在心裡重要記事的盒子裡。

第13章

剩下兩個問題

太過豐富？是否可能在熟悉的事物中發現豐富性？

太過神祕只是惱人，太多冒險令人力竭，一點點的恐怖大有幫助。

——迪恩．昆茲（Dean Koontz）

在進入本書的結論前，我想談剩下的兩個問題。我希望到現在你會同意，探索、好奇和內在富裕的人生是有意義的。但是首先你或許會納悶，是否有所謂的內在太過豐富？我也想知道。其次，到目前為止我探討過的，促成內在富裕的因素大多在「起而行」而不是「維持現狀」。是否我們也能透過維持現狀，或者在熟悉的人和物之中獲得心理的豐富性？

1. 動太多？

大部分的人都會同意，物質的財富怎麼也不嫌多，但是你的人生是否可能在心理上太過豐富？本書一開始，我寫到衝擊合唱團的「我該留還是該走？」我假設「動」比「靜」是個更能豐富內在的經驗，但是，如果某人在童年期間搬遷的次數就超過十次呢？

烏立．斯馬克（Uli Schimmack）與我分析了一九九五年蒐集的美國中年資料（Midlife in the United States, MIDUS），之後分析二〇〇五年的資料。MIDUS由知名福祉研究學者卡洛．雷夫（Carol Ryff）整理，包含多項福祉指標以及參與者在童年時期遷移次數的資訊。我們想知道，童年時期遷移次數過多，是否可能跟成年的不幸福有關。

我們論文的最大重點是，童年的過度遷移可能對內向者在成年後的主觀福祉有揮之不去的負面影響，因為他們往往比較難在新地方建立社交關係，以至於成年後的親近關係很少。

我們的論文在二〇一〇年六月出版，二〇一〇年七月九日，《紐約時報》報導我們的論文，我收到眾多來自時報讀者的電郵迴響，當時我們還沒有發表內在富裕的概念，因此無法測試是否童年過度遷移會影響內在富裕。但是讀者分享的個人經驗在幸福方面極具資訊價值，許多在小時候四處遷移的人表示成年時期仍有持續的困難，例如，以下是瑪莉的來信：

> 我懷著很高的興趣，閱讀七月十一日星期天版的《紐約時報》文章，對我來說簡直不可思議，因爲我已經斷續接受治療許多年，我似乎總是又回到一個點上——我在十二年內搬家和轉學了十二次——從一年級到十二年級。這件事似乎不可能對我的人生造成這樣大的影響，有時我甚至覺得提起這件事有罪惡感，它無法跟眞實的創傷相提並論，但我就是無法放下。非常感謝驗證與理解。

還有其他許多人表達類似的掙扎歷程。麗茲也像瑪莉一樣，她在好幾個國家上過十一所學校，她稱自己是「那種孩子之一……總之就是不停地搬家、搬家、再搬家」，她也頻繁進出精神機構，但精神病醫師找不出問題。她無法安頓，紮根，找不到任何一種滿足。二十歲的蓋斯面對著類似問題，他從幼稚園到八年級，每年到不同的學校當「新同學」。他從沒跟任何人親近。他在電郵的最後寫道：「我感到很迷惘。」六十三歲的佩姬是三個孩子的媽，童年搬遷過十三次，她想知道她適應不良是否因為這種缺乏安定所引起。最後，六十歲的吉姆曾經上過八所小學和三所中學，他告訴我他的朋友非常少，而且「很難對人投入感情」，還有毒品、鬥毆和入獄等等的。吉姆說：「我希望我能克服過去的居無定所，不再憤怒，也不再為成長過程中所有應該做而沒有做的事遺憾。我知道有其他人跟我一樣。」

他們的困難之處，部分是因為搬遷是父母的意思，他們沒有權力決定要留還是走，必須忍受遷移的後果。就像瑪莉和麗茲提到的，他們沒有任何可以診斷的特定心理疾病，多數讀者的核心問題似乎是難以和他人建立關係，他們就像被移植太多次的樹，光是把樹從它熟悉的土壤連根拔起，種在一塊新的土地上就已經很難，何況是一而再、再而三被連根拔起，然而他們卻為自己的痛苦掙扎而自責。

我不是臨床心理學家，因此我的建議或許無法對症下藥，但以下幾個建議送給因為童年不安定而痛苦的人，第一步是接受一個事實，就是這件事根本不是他們的錯。第二步是找到一個理解他們處境的人，或許是年輕時有過類似困境的某人，例如經歷同樣一再搬遷的兄弟姊妹，或者是在軍人或外交官家庭長大的成年人，我希望一旦他們找到能理解並且證實他們童年困境與長大後痛苦經歷的人，或許就能聚焦在正面的事情上，來看待他們曾經生活在多種不同環境的這件事。

我收到的一些電郵確實是如此情況。以下是湯姆的來信。

今天早上，我帶著點好奇閱讀你最近針對經常搬家的孩童所做的研究，我從很久以前就對這話題感興趣，因爲我出身空軍家庭，童年時期每兩、三年就搬一次家。有回我們在同一間房子住了四年，但我在那段期間轉學三次……

在我成長過程中，我相當有意識地發現一件重要的事，就是必須在每一所新學校和每一處住家的左鄰右舍間快速獲得同儕尊重，我發現最保險且最好的做法，是在學校出人頭地

——成為班上的頭頭，每年秋天從第一天開始就讓他們知道鎮上來了個厲害的新人——而且沒有懸念，在每一所學校都是名列前茅，永遠都在競爭……我不確定我這種類似軼事的資訊對你是否有用，但我很樂意隨時就此與你交換想法。

艾琳所寫的內容也類似：「我經常搬家，我也確實因為沒有親近的朋友感到遺憾。」但她也感謝父母給她機會「和來自不同地方的人，有各種不同的經驗」，還能夠「好好地看看我們的國家，不只是四處觀光，而是將自己沉浸其中。」

最後，DJ在一生中搬家超過四十五次，在十二年間上過十一所不同的學校。他將自己的人生跟他三年級在科羅拉多州交的一位朋友比較，這位朋友一直住在相同區域，除了去空軍服役幾年，之後又回到原地。他的朋友認為他搬家那麼多次簡直是瘋狂，而DJ則認為他朋友一直待在同個地方才是瘋狂。DJ認為他跟朋友的情況各有利弊，當他朋友想不起特定的某幾年，或想不起事情是何時發生的，DJ則是能根據當時居住的地方輕易追溯，DJ說：「我曾經多次再造自己，並且有機會改變人們對我的看法。」他的結語最令人深思：「我認為兩種生活方式都能找到滿足，對我來說，留在一個地方會是折磨，對他（他的科羅拉多朋友）來說，搬家是無法想像的。」

DJ經歷這麼多次的搬遷，對他來說已沒有所謂搬家太多次，或者太過豐富這回事。相對地，對於瑪莉、麗茲、蓋斯、佩姬和吉姆來說，搬家八次到十三次絕對是太多了，在問到是否可能有太過豐富這回事時，性格、家庭狀況和其他許多情境因素，都明顯扮演著重要的角色。

2. 二十四小時的現場音樂會：太過刺激？

說到極端，你是否曾聽過二十四小時的音樂會？那不是你可以隨時想聽就聽的錄音音樂會，而是二十四小時的現場音樂會！二〇一六年，泰勒·馬克（Taylor Mac）在布魯克林的聖安倉庫（St. Ann's Warehouse）表演《流行音樂二十四年史》（*24-Decade History of*

Popular Music），二十四小時連續唱歌跳舞，從星期六中午到星期天中午。評論家韋斯利．莫里斯（Wesley Morris）在《紐約時報》稱讚這場表演：「馬克先生給予我人生中一個美好的經驗……它不光是一件偉大的事蹟……他記得所有歌詞……他把這些歌唱了出來——用各種想像得到的風格，用各種節拍、各種可能的面部表情，並且用各種音域，表現他寬廣、變化多端的聲音。」

我的第一印象是，這是個可笑的點子。誰會自願犧牲睡眠，一整天坐在一張不舒服的椅子上？但我很驚訝地得知有八百五十人瘋狂到願意花錢觀賞。而且這對莫里斯是獨特的、轉化性的經驗。「一開始，他為〈洋基歌〉（Yankee Doodle）的英國恐同內容提供令人激動的論點，讓你以為這首歌作為美國的代表性歌曲，是美國早期『重新詮釋』的例子。（譯註：早在美國革命以前，在這些英國殖民地上〈洋基歌〉的曲調和歌詞的某些段落就已經很流行。甚至在十八世紀七十年代以前，英軍就曾唱〈洋基歌〉來嘲笑殖民者。歌詞的早期版本是嘲笑這些殖民地居民的勇氣以及他們粗俗的衣著和舉止。「洋基」是對新英格蘭土包子的輕蔑之詞，而「嘟得兒」的意思即蠢貨或傻瓜。然而，在美國革命期間，美軍卻採用〈洋基歌〉作爲他們自己的歌，以表明他們對自己樸素、穿自家織的布衣和毫不矯揉造作的舉止感到自豪。歌詞有許多不同版本。多年來，這首歌一直被當作非正式的國歌，而且是人們最喜歡的兒歌。）總之，我不可能再用同樣方式聆聽這首歌。」觀眾被要求主動參與一個戰爭場景，甚至假裝成種族主義者和恐同者，來感受「恨」的感覺。他們感受到愛、同理心，以及根據莫里斯的說法，「一絲絲的羞恥」。

不光是莫里斯這麼認為，藝術編輯艾力克斯・尼達姆（Alex Needham）同一天在《衛報》上寫：「這麼長時間不睡覺，會對人的心靈狀態產生奇怪的影響，我對於至上女聲組合（the Supremes）的〈你令我堅持〉（You Keep Me Hangin' On）從未有過強烈的感覺，但是馬克的版本，由一輛載著男同志的虛構巴士唱出，他們將前去支持一九六三年在華盛頓舉行的人權遊行，突然間令我眼眶泛淚……早晨七點，布魯克林聯合遊行樂團（Brooklyn United Marching Band），這個由頭戴粉紅帽子的黑人男孩組成的團體魚貫上台，用力敲打他們的鼓，為〈繼續向上〉（Move on Up）這首寇帝・梅菲（Curtis Mayfield）用來歌頌非裔美國人尊嚴和自主決定的歌曲，提供令人震撼的結尾……這種結合聲音、景象，用歡樂的方式表現反對不公義的行動主義精神發揮如此強大的力量，令全場熱淚盈眶，觀眾大聲咆嘯似乎長達五分鐘之久。馬克笑著說道：『後面還有五小時呢。』參加泰勒·馬克（Taylor Mac）音樂會的觀眾做了不尋常的事，感受不熟悉的情緒，因而改變他們的觀點。

這是內在富裕經驗的最佳範例。但是，誰想花整個晚上去體驗呢？我完全贊成內在富裕性，但即使要我參加這樣的音樂會還是會猶豫，一般音樂會只有幾小時不是沒有理由的。但這裡要重申的是，對於像韋斯利·莫里斯和艾力克斯·尼達姆這樣的人來說，這是個超級豐富的經驗，但對其他人來說或許太過，甚至危害健康。

不過最後，除非嘗試過，否則也無法得知什麼對我們來說是太過。人有趨吉避凶的直覺，這直覺幫助我們存活。但是，逃跑的次數太頻繁使我們太怯懦而無法真正活著，我們需要三不五時迫使自己超越舒適區。電影導演和作家莎拉·波利（Sarah Polley）出版一本名為《奔向危險》（*Run Towards the Danger*）的書，描述她經歷過的一連串悲劇事件和危險處境。下次你遇到危險時，或許可以考慮挑戰自己，朝它奔去。

3. 在熟悉的事物中發現豐富性？

剩下的這個問題是，人在熟悉的事物中是否也能發現豐富性。索倫·齊克果在一八四三年的著作《非此即彼》，是探討安定與不安定、無聊和興奮、長期和短期、理性和激情、計畫和隨興之間的衝突。如前面摘要的，這本書將作者A（假設是年輕男性）和作者B（假設是退休法官）並列，A提倡富於美學的人生，或者說是美與冒險的人生，B則提倡承諾的人生。目前為止我主張擁抱A的優先順位，也就是新奇、激情、隨興、順其自然。透過嘗試生活中的新事物不斷學習成長。但是，這是通往心理豐富人生的唯一路徑嗎？是否也可能從B的角度，透過深挖一個人或一件事物，從中獲得心理豐富性？

有些人生最豐富的經驗，是在熟悉的人、物或地方有新的發現，我在一九九一年認識妻子，一九九九年結婚。我在婚前跟她交往了很久，即使如此，她有很多事是到我們結婚後我才知道，例如我們把房子的牆壁留白了好幾年，我終於想在起居室的牆上掛幾幅畫，當時大約是二〇一〇年，距離我第一次遇到她將近二十年，我問：「我應該買什麼畫？」妻子回答：「我會畫。」「什麼？」我不曉得她會畫畫。哇！她竟然會畫畫耶！她畫了很多畫，現在我們家的牆壁因為她的作品而生色不少。

我的妻子是個友善但容易焦慮的人，她常常擔心生活中的事可能出錯；她也是個一絲不苟的人，做每件事都很有方法，而且很慢。她有時會花超過半小時寫一封簡短的回覆電郵，她就是那樣的人，所以我預期她的畫色調會偏暗，而且要很久才畫得完，結果我很驚訝地看到她把梨子畫成粉紅色，天空是藍色，用柔和的淡彩創造出蒙德里安（Mondrian）風格的油畫，而且一切都非常非常地快速。她的畫充滿幸福的氣氛，下筆明快，不拖泥帶水。在她的內心深處她是個非常幸福的人，但是如果我從沒有想要一幅畫掛在我們家的起居室牆上，我或許永遠不會發現妻子性格的這一面，與她在一起二十年，發掘了以前不知道的事，豐富了我們雙方。有些事只能在認識一個人很久之後才能得知。

在《非此即彼》中的「B」主張，新奇、激情、即興甚至冒險感能使婚姻長久，他表示「對我而言，這是不斷回到我們初次愛上對方的時候……這種回春……不僅是悲傷的回眸一瞥，或者對一次經驗如詩般的記憶……這是一種行動。」那麼，什麼是行動？答案是內部的行動或反省，包括對上帝感恩。「這樣的感恩，就像所有祈禱文，結合了行動的元素，不是外在而是內在的意義，在這個情境下是想要抓住初次相戀的時刻。」根據B的說法，宗教情境中的感恩省思，幫助你保留住對伴侶的愛意。

是否有任何證據，證明B有關持續回到初次愛上對方的主張？弗蘭克・芬查姆（Frank Fincham）和他的同僚們針對戀愛關係中的祈禱做過研究。在一次研究中，他們找來目前只和一人談過戀愛的人作為參與者，其中一組被隨機分配到祈禱的條件，在這個條件下，他們被要求每天至少一次為伴侶的福祉祈禱，總共四週。另一組人只被要求每天花點時間思考自己當天做過什麼。四個星期過去，他們全都要回報是否有不忠於對方的行為，以及對彼此關係的滿意程度。相較控制組，被隨機分派祈禱的參與者比較不會做出不忠於對方的事，此外分配到祈禱的那組參與者，也覺得他們的戀愛關係更神聖不可侵犯。

在《非此即彼》中，B也主張歷史的元素，或者說共同經驗的記憶，是婚姻之愛所擁有但初戀所缺乏的。「婚姻之愛作為一種同化的過程，明顯可窺見其歷史本質，它嘗試它所體驗的，將體驗回歸自身……愛在這過程中萌發，經過測試與淨化，並且使經驗成為彼此共有。」愛侶經常跟彼此述說相同的故事，例如妻子和我經常講述一個萬聖節故事，那是關於我們的大兒子三歲時打扮成「湯瑪士小火車」（Thomas the Tank Engine）的樣子，妻子製作湯瑪士的服裝，用厚紙板做成火車，裝飾著藍色毛氈布料和黃色跟紅色的緞帶，我負責製作煙囪形狀的帽子。他看起來超級可愛。我們帶他去參加維大校區的大型萬聖節不給糖就搗蛋活動，是個有趣的經驗，直到我們的兒子出了點小意外——細節就不詳述了。

在《非此即彼》中，B談到夥伴關係的培養，婚姻之愛不光是激情和悸動，也是共同擁有逆境的記憶，夥伴關係是從一段時間當中不斷重複的共同經驗形成，擁有孩子將愛侶連結在一起，從撫養孩子當中學習新的事物。B說：「生命的完整在孩子身上重演，唯有那時候，人才會對自己的人生有些了解。」當孩子上小學，你會從家長的角度重溫小學歲月，當他們上中學，你將重新體驗在中學的日子，並且注意到你和孩子經驗的類似與相異點。B使用音樂的詩意再現作為婚姻之愛的比喻：「在音樂中，均等的節奏可能蘊含極大的美感和強大的影響力」——即使是單調的。也就是說，婚姻之愛可能令人感到單調乏味，但單調就像是均等的節拍，只要演奏得當，就能製造出美感和強大的效果。根據齊克果筆下的B，婚姻之愛可以像是莫里斯．拉威爾（Maurice Ravel）的《波麗露》（*Bolero*）和飛利普．葛拉斯（Philip Glass）的《變形記》（*Metamorphosis*），表面上非常單調，深處卻豐富優美。

4. 如何讓火不滅

如齊克果的B所說的，婚姻的單調可以是美的，但是多數人就像A，可能是無趣的。除了禱告以外，如何為長久的感情關係注入新的活水？阿瑟．亞倫（Art Aron）及同僚進行一項有名的關係實驗，幫助我們回答以上問題。在這項實驗中，正在交往和已婚的愛侶被隨機分配到兩種條件之一；被分配到「激發新鮮感」任務的人，要在幾片健身房的地墊上來回移動（距離大約三十英尺），而且雙手雙膝必須保持著地，之後穿過一片捲成大約三尺高的地墊回到起點。此外，他們被要求全程攜帶一顆枕頭，不能用手、手臂或牙齒，甚至要保持這種狀態通過障礙物。他們被要求在一分鐘內做三次。至於控制組的愛侶，只要將球輪流滾給彼此。

一如亞倫預測的，完成「激發新鮮感」的愛侶，相較完成無趣任務的愛侶，前者表示關係品質顯著較高，接著研究人員將這些發現，複製在六十三對已婚愛侶的新樣本，在一項最後的研究中，研究人員在活動前後增加兩個討論的任務，相較處在無趣條件下的愛侶，激發新鮮感任務條件的愛侶不僅表示關係品質較高，在稍後的討論中也展現更多充滿愛意的肢體語言。

亞倫及其同僚發現，從事新鮮和具挑戰性的活動能夠重燃愛意，甚至重燃激情。在另一系列的研究中，他們也發現結婚超過十年的人有百分之四十表示自己「愛得火熱」，結果顯示永保愛火不滅是可能的。在另外的研究中，研究人員使用一種神經造像技術，讓參與者看他們伴侶的臉部圖像，以及一位親近友人與一位陌生人的臉部圖像。參與者平均已婚二十一．四年，但當他們看到伴侶的圖像時，腦部與多巴胺獎勵系統相關的區域，相較看到親近友人和陌生人的圖像時顯示出遠遠較強的活化性。因此齊克果的Ｂ是對的，因為維持激情長久不衰是可能的。

亞倫有個知名的戀愛關係假定叫作「自我擴張理論」，在開始一段關係時，兩人進行密集的對話，內容中有許多自我揭露，經過一段時間，伴侶成為他們自己的一部分，本質上是擴張了自我。但是，在互相的自我揭露階段過後，進一步擴張的機會變得有限，亞倫的理論說，在婚姻過程中，對婚姻滿意度下降的典型原因，部分是缺乏新的機會來擴張自我，而從事新奇活動可以提供進一步自我擴張的機會，愛侶用這種方式體驗「持續地更新復活」。

阿瑟·亞倫在一次訪談中說，他和妻子伊蓮對他們的發現念念不忘。他們去了日本、義大利、塞爾維亞和紐西蘭徒步旅行，為彼此畫肖像，參加賽馬，在大峽谷沿著科羅拉多河泛舟，還去賞鯨。新鮮感對長久在一起的愛侶來說是有效的，一如彼此共同的回想。

5. 壽司之神：一輩子投入的藝術

《壽司之神》是大衛．賈伯（David Gelb）在二〇一一年發行的紀錄片，內容是關於當時八十歲的東京壽司師傅小野次郎。次郎迷戀壽司，無時無刻不在精進技術，他對壽司米的溫度極度挑剔，必須是完美的溫度才能使魚的風味發揮到極致，他使用一種按摩技術使章魚更加柔軟，起先替章魚按摩半小時，當他實驗用更久的時間按摩時，顧客似乎吃得更開心，即使次郎已經因為三十分鐘的按摩贏得米其林三星，但現在他按摩章魚四十五分鐘，之後才開始料理。他原本可以滿足於他開發的方法，達到烹飪藝術的頂峰，儘管如此，他總是設法改進，他滴水不漏地密切關注每位顧客在咬每一口之後的面部表情。魚的挑選也是一絲不苟，五十幾歲的兒子去築地魚市場，所有食材都是向專賣店家採買，蝦子向同一家可靠的蝦子商人，鰻魚向同一位可靠的鰻魚店家等。事前準備和料理的方方面面都是分毫不差，每天評估、精益求精。次郎甚至會考量顧客慣用左手還是右手，不讓慣用右手的顧客與慣用左手的顧客坐在彼此隔壁，而讓慣用左手的顧客坐在左邊沒有人的角落座位。

因為戰爭和貧窮，次郎九歲就離家。他在一家壽司餐廳當了多年學徒，四十歲終於開了自己的店，從那時起，他隨時都在訓練三到五位學徒。學徒一開始要清掃餐廳和洗碗，經過十年的清掃工作後，次郎才終於讓一名學徒製作玉子燒，即使是紐約現在的知名壽司師傅中澤，當學徒時也是製作了兩百個玉子燒後，次郎才終於認可他。壽司職人的世界一如日本任何工藝專業，必定經過漫長嚴格的訓練期，人們堅持通過這個嚴苛的學徒制，因為最終他們想開自己的餐廳，並且成為箇中翹楚。

第七章中我談到，麥克・菲爾普斯和西蒙・拜爾斯可說是史上最頂尖的游泳選手和體操選手，而他們都飽受憂鬱之苦，對各自擅長的運動項目失去興趣。那麼，為何次郎六十多年來每天做同樣的事情，卻不會心力交瘁？首先，次郎對完美的追求藏在他內心深處，而菲爾普斯與拜爾斯則是公眾人物，身處在與其他運動員競爭的情境中，身為精英運動員的艱難之處，在於每次吞敗仗都被客觀記錄且公諸於世；雖然次郎有許多競爭對手，但他的表現並沒有被近距離檢視，跟別人的表現做比較。其次，次郎就像日本所有的壽司師傅，在過程中也面對五花八門的意外挑戰。由於一些經常用來做壽司的魚從東京灣消失，次郎這些年來必須調整提供的壽司種類，種種環境變遷迫使他改變製作菜單的方式。一些精英運動員往往反覆思考他們的表現，需要激勵自己以接受每天嚴苛的訓練，次郎則是把全副心力放在每天各種的決定和需求，由於這所有的挑戰，他沒有時間好好地反芻自己的錯誤（我假設即使是大師，有時也會犯錯）。第三，回到第七章的主題，次郎是個愛搞笑的人。根據紀錄片中對他小學同學的訪談，他小時候很頑皮。他直到八十幾歲依然保有那種輕鬆感，還是跟顧客開著玩笑。

況且，畢竟壽司是一種創造性的藝術，如果次郎對現有的菜單感到厭煩，他能想出各種方法創作手卷壽司或料理鰻魚的新方法，他認為他還能在壽司料理上更精進。次郎在一九六五年開了數寄屋橋次郎壽司店，在相同的地點、相同的餐廳擔任料理長相當長的時間，但即使經過這麼多年，他還是不喜歡每到放假日餐廳必須休息，他總是盼望著在他的餐廳工作。即使你幾十年來每天做同一件事，你還是經常可以發現可供嘗試的新事物。

像次郎這樣的職人工作不同於業餘者，他需要奉獻自己的一生。職人工作會隨其獲得新的技術和看法而改變，不知怎麼地，次郎找到方法能持續回到他當初愛上壽司的初心。達到心理豐富的一種方法是循著次郎走過的路，那就是獻身給一種職業，如果你所選擇的職業深奧到足以花一輩子去探索。

6. 為何是披頭四？

為何披頭四受歡迎的程度遠超過海灘男孩？看看Spotify截至此刻，海灘男孩的每月收聽為11,861,427人次，但是披頭四每月收聽卻高達30,561,926人次之譜，幾乎是海灘男孩的三倍，兩者在一九六〇年代都是在全世界極度高人氣的團體，兩個樂團活躍於類似時期，發行的專輯數也相當，但是今日我看到聽披頭四的大學生多過海灘男孩。為什麼？

一個可能的解釋是，披頭四的流行歌曲非常多樣，從單純的情歌例如〈你需要的就是愛〉（All You Need Is Love）和〈我想牽你手〉（I Want to Hold Your Hand），到懷舊的抒情歌如〈昨天〉（Yesterday）和〈嘿！茱蒂〉（Hey Jude），乃至極富哲理的心靈歌曲如〈隨它去〉（Let It Be）、〈虛無的人〉（Nowhere Man）和〈穿越宇宙〉（Across the Universe），到充滿叛逆意味的〈革命〉（Revolution）和〈一起來〉（Come Together）。披頭四經過最初「裝乖」的男孩團體階段，之後是反主流文化階段、心靈成長階段，再到抒發不滿的階段。他們的作品有約翰、保羅和喬治三位成員譜曲，使他們比海灘男孩更具多樣性；後者是由布萊恩・威爾森（Brian Wilson）擔任唯一作曲。威爾森以創新和勇於實驗知名，因此海灘男孩確實製作出多樣歌曲，但是對一位非專業的音樂愛好者來說，海灘男孩經常和〈衝浪美國〉（Surfin' USA）畫上等號：「大家都去衝浪，衝浪ＵＳＡ」。如果海灘男孩的〈寵物之聲〉（Pet Sounds）被播放的次數超過衝浪ＵＳＡ，或許會有更多人對海灘男孩感興趣。

二〇二〇年夏天，當新冠疫情短時間內難以善了的事實愈來愈明確，我有種似乎沒了生路、進退不得的感覺，整天都關在屋內。什麼時候才能出去吃飯，到處逛逛？我什麼時候能回日本看年邁的雙親？我們被關在家裡時看了很多電影，其中之一是二〇一九年的電影《靠譜歌王》（*Yesterday*），主角是一位鬱鬱不得志的歌手，他發現自己是唯一一位記得披頭四的人，於是開始唱起披頭四的歌曲因而成名。這部電影還算好看，但是它令人難忘的卻不是情節，而是一個完全不同的理由。當主角唱著〈漫長蜿蜒的路〉（The Long and Winding Road）時，我哭得停不下來；當時我是跟妻子和兩個十幾歲的孩子一起看這部電影，所以情況有點糗。但它的歌詞卻說中我在新冠期間的感受。

披頭四、鮑勃·狄倫（Bob Dylan）和艾瑞莎·富蘭克林（Aretha Franklin），你可以深入挖掘而且永遠會從他們身上發現新東西，因為他們留下豐富多樣的大量作品。但是，區分懷舊和內在富裕仍然是重要的，許多人因為懷舊而不斷聽同樣樂團的歌曲，主要是為了重演過去，回到同樣熟悉的舒適圈。說得清楚些，懷舊——感性地渴望過往——有多種好處，例如將過去和現在連結起來、形成社交聯繫感，乃至找到生活中的意義。但是，為了懷舊而聆聽同一個樂團並不會提高內在的富裕程度，反之，如果聽同一個樂團的原因是你總會注意到過去沒有注意到的事物，那才是內在富裕的經驗，也是在熟悉的事物上發現豐富性的經驗。

7. 然後是維吉尼亞・吳爾芙

維吉尼亞・吳爾芙就像披頭四，擁有跨世代的狂粉，小說家珍妮・奧菲爾（Jenny Offill）曾經在《紐約客》發表過一篇散文，標題是〈戴洛維夫人教我的人生課〉（A Lifetime of Lessons in Mrs. Dalloway），她總結了為何多次閱讀《戴洛維夫人》（*Mrs. Dalloway*）卻每次都能發現新東西。當她十七、八歲第一次讀這本書時，被嚴重受創的退役軍人賽提米烏斯・華倫・史密斯（Septimus Warren Smith）深深吸引，吳爾芙介紹他是「年約三十，膚色蒼白，鷹勾鼻」，又寫到「世界舉起了它的鞭子，會落在哪裡呢？」奧菲爾當時想，「沒錯，我要找的就是這個。」到了她三十幾歲時又重讀一次。這回她被克拉莉薩・戴洛維（Clarissa Dalloway）吸引，她注意到像是「歡笑的女孩們帶著荒謬的毛茸茸狗兒去跑步。」最後，奧菲爾在戴洛維夫人的年紀又讀了一次，「剛進入她的第五十二年。」這次她被克拉莉薩的舊愛彼得・沃爾許（Peter Walsh）感動，在自我疏離中找到解脫，一切事物變得比較非關個人。

當我閱讀《戴洛維夫人》時，我是克拉莉薩．戴洛維和彼得．沃爾許的年紀，因此比較容易認同這些人物，所有日常生活的義務、倦怠以及迷戀過去。彼得．沃爾許談到他自己的失敗，說道：「他曾是個社會主義者，就某種意義來說是個失敗者——確實是。但他認為，文明的未來掌握在像那樣的年輕人手上，掌握在三十年前如他的年輕人手上，基於他們對抽象原則的愛，把書從倫敦大老遠寄到喜馬拉雅山頂，閱讀科學，閱讀哲學。」在派對最後，克拉莉薩青春期的密友曾經嘲弄克拉莉薩的先生理查，莎莉（Sally）不識趣地說道：「理查已經進步了，你是對的。我會去跟他說話。我會道晚安。腦子有什麼重要的……跟心相比的話？」最後老彼得省思：「這是什麼恐懼？這是什麼狂喜？……是什麼使我充滿不尋常的興奮感？」他的答案是克拉莉薩，他的舊愛。

對一個受過良好教育、四處旅行的人來說，彼得幾乎不知道他的人生還想要什麼，他年輕的時候以為自己會當作家，莎莉問：「你寫了嗎？」五十二歲的彼得回答：「一個字都沒寫！」語畢大笑。整本小說中彼得總是想著克拉莉薩，想到她的小時候、青春期和長大成人。雖然他在印度找到愛人，仍無法將眼光從她身上移去。克拉莉薩究竟有什麼魅力？這對我來說多半是個謎。但這裡寫的是個五十二歲的男人，依然瘋狂愛著舊時的女友，這裡沒有無趣的成分，只有純潔、真摯、對一個女人無盡的好奇。奧菲爾從《戴洛維夫人》找到一輩子的功課，彼得則是不斷在克拉莉薩身上發現舊的和新的吸引力。

8. 為何你能從舊的人事物學到新東西

日本有句俗語叫作「溫故知新」，溫習舊的而學會新東西。我們就經常從研究非常古老的東西中學會新東西。

在《非此即彼》中齊克果筆下的B相信婚姻的神聖，相信只要抱持正確的感恩心態，我們都能更了解自己和伴侶。阿瑟·亞倫的研究顯示，在長期的愛情關係中，偶爾注入新奇是關係長久的關鍵；小野次郎致力於壽司藝術的完美長達六十年，即使獲得米其林三星也不中斷。披頭四、鮑伯·狄倫、艾瑞莎·弗蘭克林（Aretha Franklin）、麥爾斯·戴維斯、畢卡索、草間彌生、希爾瑪·阿芙·克林特、卡拉·沃克（Kara Walker）——全都樂於實驗、嘗試新的風格並且與時俱進。只要長時間進一步挖掘他們的作品，你也可以從以上每位藝術家身上學到新東西。如果你不想閱讀、聆聽或研究新東西，或許可以嘗試過去喜歡但很久沒有花時間在上面的舊事物，說不定會有豐富的新發現。

第14章

了無遺憾的美好人生

關於三維人生的最後想法

我眞的喜歡熟悉感。那不是值得驕傲的事，但我就是這樣。我認爲大概有很多人有同感……我覺得那眞的是一齣很棒的劇，好像面對很多惡魔，慢慢爬出我的舒適區。

——尤金．李維（Eugene Levy），評論他的新劇《宅老爹旅行》（*The Reluctant Traveler*）

在本書中，我介紹了內在富裕人生的新概念，在另外兩個較為人所知的通往美好人生的路徑外多添一筆，也就是幸福人生與充滿意義的人生。既然你知道了幸福人生、有意義的人生和內在富裕人生的元素，我們來看看你是否能開始透過新觀點來看世界，也就是三維人生。

1. 你想要的樣子

當托妮．莫里森的《爵士》（Jazz）進入尾聲，主角維歐列（Violet）回憶跟她的美髮師的一段對話。她的美髮師說：「如果不能把世界變成你想要的樣子，那世界對你來說又是什麼？」維歐列對這問題感到驚訝，她從沒想過這件事。「這很重要嗎？我也改變不了什麼。」美髮師堅持：「那就是重點……〔我〕忘了它是屬於我的。我的人生。」

如果你認為世界不是像你想要的樣子，那你忘記了那是你的人生。所以，讓我們不要忘記這是你的人生，我們想要某樣東西超越它原有的樣子，或許更幸福、更有意義或更加內在富裕。別等到你行將就木，也許試著在每次的里程碑後反省：中學即將畢業時，你會怎麼述說你的中學生活？大學畢業時，你的大學生活如何？在你的第一份工作結束時？當你的孩子中學畢業時，你怎麼看待你育兒的時期？美好人生的三角模型——幸福、意義和內在富裕——給予你三個維度，可以用它們來評估你的經歷。

2. 何謂好的工作？

一八九〇年，威廉．詹姆斯在《心理學原理》（*The Principles of Psychology*）一書中發明「自尊等式」：「自尊＝成功／誇耀」，詹姆斯說誇耀的意思是一個人的抱負，因此如果已經完成大部分抱負的人屬高自尊，反之是低自尊。根據這個公式，有兩種提高自尊的方法，一是更加成功，另一種方法是降低抱負。詹姆斯的自尊等式也可以被應用到幸福，簡化到最極端，幸福可以用兩個因素的函數表示，成功（個人、人際或社會）／（除以）抱負。一個人可以用更加成功或降低抱負來提高幸福程度，美國文化強調努力工作來獲取更大的成功，丹麥的文化則強調把抱負降到最低。

說歸說，我們談論的是什麼樣的成功？佛洛伊德（Sigmund Freud）說，工作和愛是人類的兩大任務，如果你在工作和愛兩方面都成功，你的人生也可能是成功的。那麼，就來看看工作的成功吧。有許多方式可以定義工作上的成功，一是問工作者對自己的工作有多滿意，表示對自己工作滿意的人，也是正在邁向成功的人。我分析了薪級表（Payscale）（譯註：美國的薪酬軟體和數據公司）針對五百零二個工作分類中超過兩百萬人的調查，根據這份資料，什麼可以用來預測工作的滿意度？更明確地說，什麼樣的工作者有高於平均的工作滿意度？舉例來說，百分之八十的精算師對工作滿意，類似地，有百分之七十八的電腦和資訊科學家對工作滿意；相對而言，只有百分之六十五的警員滿意自己的工作，社工更低，只有百分之五十九。為何精算師和電腦科學家對工作的滿意度高於社工和警員呢？薪水可能是理由之一，考慮到社工和警員每天工作的困難度，他們的薪水沒有那麼好，或許他們感覺自己的工作沒有得到公平待遇，在五百零二類工作中，薪水中位數與平均工作滿意度有強烈的關聯性。

一如幸福不是美好人生的唯一道路，工作滿意度也不是定義工作成功與否的唯一方式。工作的意義呢？說來有趣，薪級表對此也有衡量。雖然絕大多數的精算師和電腦科學家滿意自己的工作，但很多人卻不認為他們的工作非常有意義，只有百分之三十六的精算師在工作中找到意義，也只有百分之四十五的電腦和資訊科學家如此。相對來說，雖然社工和警員對工作不太滿意，但他們覺得自己的工作是有意義的。百分之七十三的社工和百分之八十一的執法人員覺得自己的工作有意義。

有那種滿意度不高或不太有意義，但卻是好工作的可能性嗎？薪級表的資料顯示一種有趣的模式。雖然百分之六十五的編輯滿意自己的工作，但只有百分之四十二的編輯認為他們的工作有意義。類似的情況是，百分之六十七的藝術指導滿意自己的工作，但只有百分之三十五認為工作有意義。寫手和作家的情況與藝術指導很類似，百分之六十七滿意，百分之三十認為有意義。葬禮顧問則是一個有趣的比較組，工作滿意度與前面的工作類似，百分之六十八的葬禮顧問滿意自己的工作，但是有百分之八十七認為自己的工作有意義。

如果滿意度和意義是衡量好工作的唯二標準，那麼我們可以請藝術指導、編輯和寫手考慮轉行當葬禮顧問。就現實面來說，我們不會這麼做，因為我們知道編輯、藝術指導和寫手擁有的自我表達和創造力，仍是葬禮顧問工作所沒有的。薪級表沒有問受調查者的工作有多麼有趣，創造力對他們的工作有多重要，或者關於心理豐富性等其他問題，我猜許多藝術指導、編輯和寫手會說他們的工作有趣、富有創意且內在富裕，這或許是為何人們繼續從事這些職業的一個原因。用三維框架來定義美好人生的好處，在於可以被應用到專業領域，解釋為何有些工作在幸福和意義的分數偏低，但仍然是一份好的——心理豐富的——工作。

3. 什麼才是好的假期？

下次度假時，你會想來一次全包式的奢華之旅，還是低調的背包客旅行？全包式之旅很輕鬆，你只要付錢然後人出現就好了。旅行社已經訂好計畫，他們會從早到晚提供你娛樂，你啥事都不用做，享受即可。背包客之旅則辛苦多了，你不知道會住在什麼樣的地方，幾乎每件事都必須由你親自規劃，一切都是你說了算，可能很棒，但也可能是場災難。

尤耶・因巴爾（Yoel Inbar）和艾莉莎・杜列特（Alexa Tullett）在Podcast節目《兩個心理學家跟四瓶啤酒》（*Two Psychologists Four Beers*）中，使用這兩種旅行方式作為比喻，來描述幸福人生和內在富裕的人生。幸福人生就像加勒比海郵輪之旅，一切都計畫好好的，你被餵食，並且被照顧得無微不至。當我們請來自九個國家的參與者形容理想人生，許多美國人寫到像是豪華遊輪之旅的人生，例如有個十八歲的維大學生說：「在沙灘上，有很多錢和幸福的家庭，不必擔心工作，因為我已經成功到再也不需要工作了。」對許多人來說，假期（和理想的人生）是用來放鬆和回復青春的，也是用來被服務和被娛樂的。

心理豐富的人生就像背包客之旅，大小事都要自己規劃，你可以選擇想做的事，同時你完全不知道會發生什麼，而且可能遇到些不太好的事。我在東京念大一時曾跟朋友到美國進行背包客之旅，我們買到市面上最便宜的機票（馬來西亞航空，大約七百美元）從東京飛洛杉磯，還買了灰狗巴士三十天期的周遊卷，大約兩百五十美元。我們用灰狗巴士的三十天周遊卷，從洛杉磯到舊金山到西雅圖到拉什莫爾山（Mount Rushmore）到南達科他州到芝加哥到尼加拉瀑布到紐約市再到華盛頓特區。等我們抵達華盛頓特區時，發現自己快沒時間了，於是最後三天幾乎是不間斷地搭巴士從特區回到洛杉磯，總共搭了七十二小時。真不是鬧著玩的。

我們沒有事先預訂任何飯店，所以一抵達洛杉磯就得找地方住宿，之後是舊金山，然後是西雅圖。我們只住得起青年旅舍，灰狗車站幾乎一概位在市區，這在一九八八年並不是最安全的地帶。在有限的預算和破得可憐的英語下，我們遇到許多駭人的時刻，在紐約市，就在我們下榻位於四十二街的青年旅舍外，有個人朝我們走來問能不能借二十美元，旁邊就是花旗銀行，他說他可以進銀行領個錢就還我，「跟我來，」他說。於是我跟著他進銀行排隊，一眨眼他就不見了。就這樣，我在時代廣場被騙走二十美元，那是我一天的生活費！

我們的巴士清早從紐約抵達華盛頓特區，最後我們在白宮附近一處公園的長椅上睡著，沒多久，有一組騎在馬背上的警員出現，他們以為我們是街友，動手動腳地把我們踢出去。但同一天，我們得以進入白宮參觀，之後也免費去到國會山莊（Capitol Hill）參觀。

我們在芝加哥的時候，格蘭特公園（Grant Park）正舉辦一場盛大的慶典，我朋友去觀賞白襪隊比賽，但我想去看這場慶典，於是我自己前往，在那裡認識另外三位年輕人，他們請我幫忙拍照，我就幫忙拍了。然後我們聊了起來，不久他們很和善地邀請我去其中一位的家裡參加派對，我完全搞不清楚地點在哪裡，也沒有隨身帶著更換的衣服，但我還是答應了，那也是我在這次旅行中唯一一次喝酒。我在派對的房子裡睡著了，第二天，我認識的其中一個人用車載我回到市區我住的ＹＭＣＡ，結果發現，那天晚上我竟然去到了威斯康辛州！簡直不敢相信。

現在，我不敢說灰狗巴士是個環遊美國的好方法，長時間坐著當然會讓屁股很痛，但我也因此擁有難忘的三十天，還有機會見識美國的各種面貌。

對有些假期來說，意義才是重點，在強納森·薩福蘭·福爾（Jonathan Safran Foer）的《一切都瞭了》（*Everything Is Illuminated*）這本書中，主角（名字也叫強納森·薩福蘭·福爾）到烏克蘭旅行，尋找奧古斯汀（Augustine）這位在二次世界大戰期間曾經救過他祖父的女性。這類旅行的主要目的是更了解家族傳承，他們曾在哪裡生活、如何生活，他們一生中發生過哪些事；透過了解家族的傳承，也因此了解自己。對自己的傳承有清楚概念，給予你凝聚和有意義的感受，這也是人生意義的兩個關鍵成分。

還有人選擇志工旅行，例如去尼泊爾支持女性受教、去瓜地馬拉當醫療志工，或者到肯亞保護野生動物。有些大學生不像一般學生那樣趁著春假去海邊旅行，而是去仁人家園（Habitat for Humanity）當志工。假期就跟工作一樣，你可以朝著提升幸福、意義或內在富裕的任一者去努力。

總的來說，幾乎每件事都可以從幸福、意義和內在富裕的角度評估。學習科目可以是幸福、有意義或內在富裕的科目；有些朋友是跟他在一起很好玩，有些則是有幫助，甚至有些朋友是幫你開闊視野；有些地方如迪士尼樂園，幫助我們忘卻所有煩惱，做個幸福的人；有些地方如耶路撒冷和羅馬，幫助我們想起過去，思考人生的意義；還有些地方鼓勵我們探索，獲得內在的財富。例如根據傑斯（Jay-Z）和艾莉西亞・凱斯（Alicia Keys）在〈帝國之心〉（Empire State of Mind）這首歌中的說法，在紐約「沒有做不到的事情……縱橫街道使你感到煥然一新，碩大的燈霓讓你熱血沸騰」。當你知道你想追求最大化的是什麼東西（幸福、意義或內在豐富性），就能開始整理你的人生，規劃你的體驗，使它們與你的目標一致。

在本書中，我展現通往美好人生的一條新路，那就是內在富裕。要澄清的是，我並非主張內在富裕的人生是最好的人生，也並非主張內在富裕的人生一定優於幸福的人生或有意義的人生。我是認為把內在富裕放在優先位置是通往美好人生的方式之一，就像《知識與愛情》中的歌德蒙德，即使不幸福，不覺得人生有意義，只要你的人生徜徉在多樣、有趣以及改變觀點的經驗中，你還是可以擁有美好人生。此外，我們已經明白人可以從不只一種的美好人生型態獲益，例如奧利佛・薩克斯（Oliver Sacks）在生命尾聲似乎非常幸福，他的人生也是有意義的，因為他接觸並且改變許多病人和照顧者的生命，而且他當然有很多故事可以說，薩克斯具備美好人生的三種型態；第四章的計程車司機琳達似乎也全都具備，她享受退休生活，也早已在充滿特別經歷的一生中改變世界。

因此我們必須問的是，還有沒有其他通往美好人生的路徑？還記得關於美好人生問題的實證研究，在一九八〇年代積極展開，第一個三十年產生出達到美好人生的兩個可行維度，那就是幸福和意義。現在我們已經發現了第三個維度：內在富裕。或許還有其他路通往美好人生，新的研究或許很快就會揭露第四個（或更多），未來的研究可能在通往美好人生的道路上發現文化差異。到頭來，這是通往美好人生的多種路徑的故事。知道你是誰、你的價值觀，將指引你往正確的方向前進。

4. 心理豐富性的意涵

內在富裕的人生，是峰迴路轉的人生，也是有停頓、繞路和迴轉的人生；是充滿戲劇性和事件的人生，不是熟悉和安適的人生；一種複雜多樣的人生；一種輕裝待發的、或者說是隨興的人生，而不是優柔寡斷、細思慢想的人生；是一種漫長且蜿蜒曲折的人生，不是單純直線的人生。在喬恩·史都華（Jon Stewart）的《每日秀》（*The Daily Show*）之前有大衛·賴特曼（David Letterman）的《深夜秀》（*Late Show*，我喜歡他古裡古怪的幽默感。我最喜歡的是他的十大排行（Top Ten List），因此秉持好玩的精神，我要用我自己的內在富裕十大排行榜來結束本書（詳見附錄三的另類總結）。

#10. 沒有遺憾的人生：人在人生的後段往往會後悔可以做但沒有做的事，例如沒有接受某份工作、沒有把握機會搬到波士頓、沒有重回學校。要找到一個藉口不去做是容

易的，但是在面對「我該留還是走？」的問題時，問問自己：「如果留下來的話，我在十年內會後悔嗎？」記住，人在短期內可能會後悔自己做過的事，但是長期來說，最大的悔恨來自沒做的事。

#9. **自由勝過安全**：詩人艾達．卡胡恩（Ada Calhoun）在《紐約時報》雜誌的文章回憶道，她的父母在成長過程中經常告訴她：「大部分的選擇都可簡化爲安全或自由的取捨，而自由總是比較好的選擇。」她遵從父母的建議，選擇了一份給她較多自由的工作，即使她多年沒有工作津貼。此外，她選擇有孩子，儘管沒有托育計畫。現在她覺得「獨排眾議、心有定見就是最大的保障」。歸根究柢，選擇自由而不是安全，可能性而不是責任，挑戰而不是安逸，是內在富裕人生的關鍵。

#8. **別當專家，當個通才**：大部分的人活在高度專門化、把人力做高度細分的世界。專業上來說，一門深入經常使人成功，但是過度專精可能使我們見樹不見林。對生活抱持好奇，當個通才，甚至偶爾自己動手做！

#7. **多方探索**：鴿子和人類都不愛探索。熟悉帶來的安心感極具吸引力，以至於我們忘

記探索的喜悅，總是吃同樣的小吃，去同一家連鎖店，在通勤時默默地坐著。但是直視這樣的偏誤就能夠克服它，「嘗試十二次」的探索心態提醒我們，至少要探索十二位潛在伴侶、公寓、餐廳之後再做選擇。換言之，多方探索會做出較好的決定。

6. **在熟悉的事物中找到豐富性**：但如果你是丹尼爾．普蘭攸（「我想賺夠多的錢才能遠離每個人」）或者尤金．李維（「我眞的好喜歡熟悉的感覺」），你可以在熟悉的事物中發掘豐富性。重溫喜歡的樂團、作者、書、電影或人，你將從舊的人事物中發現新意。

5. **別害怕負面事件**：很多人落入幸福陷阱。害怕負面的事件，試圖不惜一切代價來避免，並且爲不滿而自責。但壞事會發生是人生的現實，失敗沒什麼，負面情緒也沒什麼，還記得尼采說，這些挑戰將使你更有智慧。還記得詹姆斯．喬伊斯說，穿越艱辛奔向星辰（aspera ad astra）。這全都是你故事的一部分，擁抱它帶來的豐富性，讓你的心理免疫系統發揮作用。

4. **寫下來，告訴別人**：內在富裕是有趣的故事累積而成，務必記住這些故事，而寫下

來是記住的絕佳方法。說故事也是記住的好方法，當你一面寫下和述說出來時，可以編輯你的故事。保留不好的部分，但利用它作爲成長的跳板，記住海明威那流動的饗宴，找到屬於你自己的。正如財富可以代代相傳，使下一代在物質上不虞匱乏，你的故事也可以傳給下一代，使他們在心理上變得豐盛。

3. **隨興所至**：我們生活在一個高度按表操課的時代。大部分的人跟朋友出去玩都需要先約定。下次你感到無聊時，發個訊息給朋友，看他們是否有空。三不五時脫離你的例行公事，當個《愛麗絲夢遊仙境》中的愛麗絲！尋找未知，路過藝廊、舊書店或義賣商店時不妨進去逛逛，你永遠不知道會發現什麼。

2. **發揮玩心**：每個人都有很多義務，從洗碗乃至報稅。當我們過於專心把事情做好，很多事——尤其是讀小說之類有樂趣的體驗——就顯得是在浪費時間。但是，在玩的時候，當你「離開社會和經濟現實去放個假」，才能發現預期之外的事物。學習新東西，對我們的目標有新的洞見。「接受自己可以當個傻子！」

1. **做就是了**：除了生活中的重大決定外，內在富裕的心態能幫助我們做每天的小決

定。我應該去看新的展覽，還是待在家裡？我應該去健行嗎？如果你喜歡待在舒適圈，那我建議你找機會嘗試新的事物——做就對了！在某些日子，當人們嘗試新的事物，會感覺這一天更具內在豐富性，也更幸福、更有意義。

在〈艾德〉（Ed）這首詩中，路易斯．辛普森（Louis Simpson）寫著年輕小伙子艾德如何愛上女服務生朵琳（Doreen）。艾德的家人和朋友都不認可這段戀情，於是他娶了另一個女人。多年後，艾德的妻子離開他，他向朋友和家人抱怨，說他當初應該娶朵琳。家人和朋友回答：「那你為什麼沒娶呢？」因此，最後我要借用辛普森的話送給讀者：「那，你為什麼不做呢？」

謝詞

寫一本書就像是做一個最大型的ＤＩＹ專案，首先，你以為相當直白易懂，只要遵循五個步驟，一、撰寫書的企劃，二、找代理商，三、找到出版社，四、寫，五、出版時感到驚喜！但是就像每個ＤＩＹ的專案，實際上的複雜度遠高於你以為的。你會寫不出來。你責怪自己弄了這個專案，有好長時間看不到任何進度，但是接下來轉捩點出現了，突然間看似寫得出來，然後有一天，神奇地竟然寫完了，於是你有了一部實體作品和非常豐富的經驗。

寫作通常是個相當孤獨的過程，但我所有的家人都積極參與，讓這件事變得比較不孤單。他們四處為這本書尋找相關的素材，凱（Kai）找到讀過四千本書的摩洛哥書商的故事，金（Jin）發現瑞蒙．卡佛的詩〈幸福〉。宰（Jae）找到熱愛國家公園的喬伊．萊恩的故事，所以說，這是我們全家的書籍寫作專案。

我在二〇一五年的夏季開始內在富裕的研究，當時所有實驗室成員都為最初的內在富裕專案貢獻了心力，包括：艾琳・偉斯特蓋特、崔惠元（Hyewon Choi）、麗茲・吉爾伯特（Liz Gilbert）、珍・德爾克（Jane Derk）（舊姓塔克〔Tucker〕）、喬丹・艾克斯特、尼克・布特利克、莎曼沙・罕澤曼、寇斯塔・庫什列夫（Kosta Kushlev）、查理・艾博索爾（Charlie Ebersole）、布蘭登・黃（Brandon Ng），以及維吉尼亞大學的多位大學部學生也為本書提供基本的素材，舉例來說，珍・德爾克推薦赫曼・赫賽的《知識與愛情》，麗茲・吉爾伯特推薦艾莉森・高普尼克在《大西洋雜誌》的文章，尼克・布特利克推薦蕾貝卡・索尼特的《蓋在地獄的天堂》，其他過去和現在的研究生，如詹姆斯・庫爾茲（Jaime Kurtz）和車榮宰都參與本書的豐富性研究，同事和朋友也給予許多鼓勵和建議，例如提姆・威爾森和傑瑞・柯洛爾（Jerry Clore）對於我在二〇一七年九月第一次針對心理豐富性的演講，提供了發人深思的回饋，還有曾經擔任我們的心理評論文章的執行編輯麥可・莫里斯（Michael Morris），建議我閱讀齊克果的《非此即彼》以及詹姆斯・喬埃斯的《一個青年藝術家的畫像》。

我請許多人閱讀我在二〇二三年夏天完成的初稿，提姆・威爾森是第一位閱讀並且評論的人，接著是喬丹・艾克斯特、琳賽・祖瑞茲（Lindsey Juarez）、麗茲・吉爾伯特和珍・德爾克。他們的建設性回饋（例如少一點細節，多一點引導和解決之道）對本書改善到目前的樣貌至關重要，我認為相當具可讀性，至少相較於初稿。

我的職業生涯始於一九九五年的伊利諾大學厄本納香檳分校（University of Illionois at Urbana-Champaign），當時是在艾德・迪安納的指導下。他是心理學的幸福研究創立者，也是一位了不起的指導教授、導師和共同研究者。我成年人生的每個里程碑都少不了艾德；在我一九九九年的婚禮中，當時我是博士班四年級生，他說我會得到一份好工作，這句話讓岳父母很開心。二〇〇六年，我在芝加哥做一場傑出科學家的演講，他跟他的妻子凱若在演講之後帶我們的孩子去林肯公園動物園玩；二〇一八年我獲得人格與社會心理學學會（Society for Personality and Social Psychology）頒發的職涯中期獎，他到場為我慶賀。艾德於二〇二一年四月過世，我很想念他。他擁有幸福、有意義且內在富裕的人生，我將本書獻給艾德・迪安納。

我很幸運，Doubleday出版社的編輯克里絲・波波洛（Kris Puopolo）熟知我的內在富裕人生研究，也有興趣出版本書，因此我毋需特地推銷我的理念，她已經了解它的價值。但那不代表她對我寫的東西照單全收，她真的提了很多問題，而且她的問題幫助我釐清內在富裕人生的關鍵特徵。我的書籍代理艾斯蒙・哈姆沃斯（Esmond Harmsworth）讀了我的書籍企劃，幫我把核心訊息變得更清晰。沒有他們的幫助，這個寫作計畫就無法開始或結束。

我也很幸運獲得（透過丹・黑布朗〔Dan Haybron〕）約翰鄧普頓基金會（John Templeton Foundation）以及鄧普頓世界慈善基金會（Templeton World Charity Foundation）的補助款，他們支持內在富裕的研究。由於芝加哥大學（系主任凱蒂・金茲勒〔Katie Kinzler〕、院長阿曼達・伍德沃德〔Amanda Woodward〕）准予我在教學上的假期，使本書的計畫在二○二二至二三的學年之間有長足的進展。凱・大石（Kai Oishi）、李宰（Jae Lee）、克莉斯汀・余（Christine Yu）、辛西亞・張（Cynthia Zhang）、夏洛特・吉夫（Charlotte Giff）、茉莉・拉斯邦（Molly Rathbun）、蓋伯利艾拉・科代莉（Gabriella Cordelli）、諾拉・阿布希（Noura Abousy）、賽・金（Sae Kim）幫我進行了校對。最後，最感謝的是你，讀者。謝謝你閱讀本書！

〔附錄一〕

內在富裕問卷（PRLQ）

我們將內在富裕人生定義為富於變化、有深度和趣味的人生，如果一個人經歷多樣有趣的事，感受並且領會各種深度情緒，就可以被稱為內在富裕的人生，可以是透過親身體驗，也可以透過小說、電影或電視上的運動賽事等感同身受。填寫內在富裕人生的問卷，可以找出你目前的內在富裕分數！

請指出你對以下陳述同意或不同意的程度，使用一至七分的標準。將回答（數字）寫在問題最上方。

1	非常不同意
2	不同意
3	有點不同意
4	沒意見
5	有點同意
6	同意
7	非常同意

1. 我的人生在心理上是豐富的＊
2. 我的人生充滿豐富的經驗＊
3. 我的人生在情感上是豐富的＊
4. 我有很多有趣的經驗＊
5. 我有很多新奇的經驗＊
6. 我的人生充滿獨特、不平凡的經驗＊
7. 我的人生由豐富、熱情的時刻構成＊
8. 我的人生跌宕起伏
9. 我透過親身體驗，如旅行和參加音樂會，經歷過各種情緒＊
10. 我有很多個人的故事可以告訴大家＊
11. 在我臨死前，可能會說「我有過有趣的人生」＊
12. 在我臨死前，我可能會說「我見過、也學習了許多」＊
13. 我的人生可以成為精彩小說或電影的題材＊

14. 我的人生單調乏味(r)

15. 我常覺得人生無趣(r)

16. 我的人生無風無雨(r)

17. 我不記得上次嘗試或者體驗新事物是什麼時候(r)

註：(r)代表反面的項目

如何計分：

第一步：將第十四至十七題的回答（以上屬於負面項目）換算成如下分數：1分換算成7分，2至6、3至5、4至4、5至3、6至2、7至1。

第二步：把第一題至第十三題的答案加總，然後加到第一步的分數。

第三步：接著把總分除以17。你得到幾分？

舉例：如果你第一題到十三題的分數是6、5、5、4、6、6、7、5、4、5、5、6、7，十四到十七題的分數是2、2、3、1，那麼，第一步：你的十四至十七題的反向分數是6、6、5、7。第二步：把第一題到十三題的得分加總（也就是：6＋5＋5＋4＋6＋6＋7＋5＋4＋5＋5＋6＋7＝71），然後把第一步的十四至十七題的反向問題得分加總（也就是：6＋6＋5＋7＝24）。第三步（71＋24）／17＝5.59。就這樣，你的分數是5.59。

如何詮釋你的分數：

以下是來自1,213位美國成年人的資料（中數年齡=38.21）

中數（平均）分數為4.58，範圍是1.18至7.00。百分位分數如下表。如果你的分數是3.41或更低，你排在最低一〇%的美國人中，如果分數是4.35，大約四〇%的美國人不如你，大約六〇%的美國人比你好。如果分數是5.75或更高，你名列心理豐富性的前百分之十。

描述性的統計

	心理豐富性
樣本數	1213
中位數	4.584
標準差	0.971
最低分	1.176
最高分	7.000
第十百分位	3.412
第二十百分位	3.881
第三十百分位	4.063
第四十百分位	4.353
第五十百分位	4.588
第六十百分位	4.882
第七十百分位	5.176
第八十百分位	5.382
第九十百分位	5.741

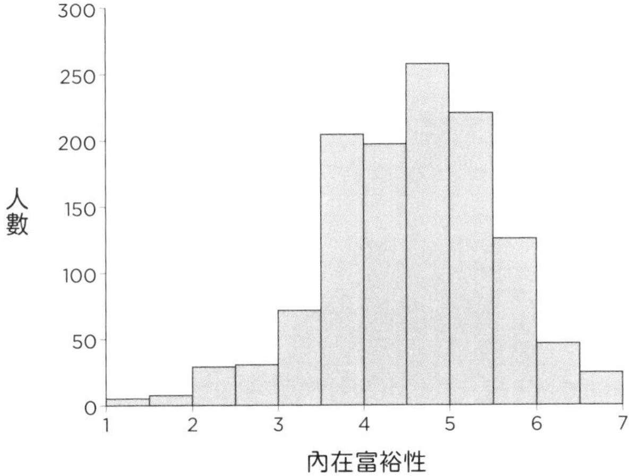

內在富裕問卷的分數分布圖
（N=1,213 位美國人）

〔附錄二〕

美好人生與五大人格特質的相關性統合分析

	豐富性	幸福	意義
開放性	**.47**	.08	.21
外向	.44	.32	.39
神經質	-.18	**-.39**	-.45
隨和	.27	.20	.28
勤懇認真	.30	.27	**.50**

註：和美好人生的各維度相關性最大的性格特徵用粗字表示。心理豐富性的相關性來自大石與偉斯特蓋特（二〇二二），幸福和意義（人生目的）的相關性來自安格利姆等人（二〇二〇）。

〔附錄三〕

本書的另類結語

以下是搞笑版的齊克果之《非此即彼》，我將之題名為《既非此亦非彼》（*Neither/Nor*），形式是一位兒子（A）和父親（B）之間的假想書信往返。

親愛的老爸：

諾斯菲爾德（Northfield）冷到爆！才十月就已經零下了！上課上得還可以。我覺得我寫了一篇很厲害的論文，是關於柏拉圖的《洞穴寓言》（Cave），但教授給出的評語是：「我的評語或許看似嚴厲……我的意思不是你不同意柏拉圖，我是指你在表達意見時，應該闡述他的分析。少了這點，就只剩下激昂的說教，沒有太多論證和說服。」

唉呦！不妙。我大概會在那門課拿到B吧。嗯，希望至少拿到B……

棒球進展順利，但我忙得要死。隊友都很棒，有個人的球速竟然有九十五！每個人都很能打，不過我覺得我比大部分的人善於防守，如果我更會打擊就好了。學長姊都是好學生，路克還沒拿過B呢！他們似乎都知道自己在做什麼，其中一人要去瑞典的卡羅琳學院（Karolinska Institute）讀研究所，兩位要念法學院，一位要攻讀電腦學位，他們不必擔心以後的出路，但我還不曉得要做什麼。啊對了，爲什麼有錢的學生這麼多啊？有個學生在義大利的卡布里島有第二個家！幾天前的晚上，他們還在聊投資組合和哪幾支股票很會漲，我完全聽不懂，我應該關心嗎？

親愛的兒子：

要說諾斯菲爾德很冷，就跟說地球是圓的一樣明顯。所以就省了吧。我自己在明尼蘇達住過四年呢！這是個很棒的州，只是老天沒給它溫暖的氣候，你學校的大部分家庭都比我們家有錢，所以我們才要申請學貸啊！那裡大部分的學生都超級聰明，但請記住強森先生在搬進學校那天說的故事。跟人家不同沒啥大不了的！我跟你說過索妮亞·柳波莫斯基的研究，對吧？社會比較對你沒好處，請避免社會比較，還要記住提姆·威爾森的話：重新導向！

更常見的是，在大學很容易落入幸福陷阱，其他每個人似乎都比你好，其他每個人似乎都過得比你開心，此外也很容易落入意義的陷阱，其他每個人似乎都知道自己在做什麼，其他每個人似乎都在改變世界，而你卻不是。幸福和意義都不是美好人生的唯一路徑，首先，人生很長，你不需要在年僅十八歲時就清楚知道自己在做什麼，你或許會在三十歲、四十歲甚至五十歲、六十歲或七十歲時才找到重要的事，到時再去改變。

第二，在一些事情上失敗沒啥大不了。拿個B又不會死。沒錯，我希望你如果可能的話拿到全A，畢竟我是虎爸。但我承認我大學第一學期是場災難（我跟你說過吧？）我記得拿到兩個C跟一個D，當然，分數在當時的日本大學並不重要，我的指導教授中野先生在看了我第一學期的成績後，說道：「你也是低空飛行啊。」然後笑了出來。關鍵字是「也」。我並不孤單，其他被指導的學生也在艱苦奮鬥，我在「也」字裡面找到希望，中野先生是個有趣的教授，雖然我沒有很順利地起飛，但終究還是到了高速氣流。耐心找到對的風，「從吊車尾到火車頭」！

親愛的老爸：

眞不敢相信第一年快過完了。我並不驚訝自己沒有打到多少棒球，但我還是很失望，二月那次受傷眞的影響很大……我得替秋季註冊了。我該修什麼課呢？社會心理學概論應該容易吧？還是修個經濟學？政治科學呢？

對了，上星期五幾位棒球隊的朋友跟我去明尼亞波利斯市看ＷＷＥ摔角比賽，我以爲只是鬧著玩的，結果你猜怎麼了？有超多狂粉、小孩跟他們的父母，你知道他們在推一個大型的反霸凌活動嗎？我們也去了附近一家越南人開的店，東西很好吃，是我這一整年吃過最美味的越南河粉！

親愛的兒子：

我不敢相信你第一年快過完了，關於你受傷的事，那會幫助你從不同的觀點看這個世界和你自己，記住尼采說過的話：「從病弱者的角度看待更健康的概念和價值，然後反過來，從充實與自信的豐富生活角度，深入檢視頹廢本能的祕密作用……現在我知道並懂得如何翻轉觀點。」第一個說「沒有殺死你的，會使你更強大」這句話的不是歌手凱莉．克萊森（Kelly Clarkson），而是尼采。大谷開完韌帶重建手術後變得更強，達比修也是。有句日本的俗諺說「七轉八起」，如果摔跤七次，就站起來八次！就是要有那樣的精神對吧？我應該也寄給你艾莉森．高普尼克在《大西洋》雜誌上的文章了？一個知性探索的精采故事，去讀讀吧！社會心理學對你來說應該很容易，修一門容易的課挺好的，這樣你就可以修幾門困難的課！

我好高興你們擠出時間在城裡玩，沒有事先計畫的隨興之旅是最棒的！你們因此改變了觀點，真的很好，我還記得十二歲時跟我祖父去看女子職業摔角，到今天我還不明白他為何要帶我去，還有他為何想去。其實你沒提起WWE之前，我還真的把這件事給忘了，我最初的想法是，誰會想去看那個？想到我祖父竟然是這樣的人感到震驚……他在他那一代的人來說算是心態相當開放的，我記得他帶一位街友回家，給他東西吃和五百日圓（大概六美元），我爸對於祖父帶街友回家非常生氣，你曾祖父真的是個好人，也有點愛開玩笑。他非常愛看相撲比賽，我從小就是看電視上的相撲長大的，等下次去日本，我要帶你們去看相撲。

親愛的老爸：

我人在哥本哈根！這是個美麗而且適合走路的地方，室友人很好，只是有點凌亂，課很有趣，而且比卡爾頓（Carleton）的課容易很多！真開心終於學會騎腳踏車了，這裡每個人都騎腳踏車，一門課有幾次田野小旅行，我們得騎著腳踏車在城市裡到處移動。

下週末我會去挪威，卡爾頓的一位朋友想去那裏，我會跟她一起，應該會很好玩。對了，上週末我看了一部老電影叫作《M就是兇手》，弗里茲．朗（Fritz Lang）導演的。埃伯特推薦我看的。你看過沒？主角M是個本身不安又讓人不安的人，但是到最後，我有點替他難過，又奇怪又有趣！

我在這裡一次棒球都還沒打過，不曉得在這裡有沒有球可以打。附近沒有棒球場，我得想辦法。我還需要申請實習……好多事要做……「必須、必須、必須——討厭的字。」這是維吉尼亞．吳爾芙說的嗎？

親愛的兒子：

眞高興你到目前爲止都喜歡留學生活，我告訴過你我在貝茨的故事，很多醜陋的事在那裡發生，但現在全都是很棒的故事。眞慶幸我們在那年夏天花了可怕的五天在學騎Dede腳踏車！前兩天簡直毫無希望，你就是沒辦法在腳踏車上待超過兩秒！記得嗎？早知道在你更小的時候教你騎腳踏車就好了。

現在別擔心棒球的事，吸收丹麥給予你的一切。不過我猜你現在要忙申請實習的事對不對？祝你好運囉！

「必須、必須、必須——討厭的字。」是戴洛維夫人說的嗎？不對，那是出自《海浪》，好像是伯納德（Bernard）說的？你還太年輕不能當伯納德。多玩玩，偶爾遠離社會和經濟現實去度個假，有時候接受自己當個笨蛋也沒關係。

對了，朗的《M就是兇手》是傑作，我最喜歡的電影之一，有點黑暗又具有心理豐富性的電影！你可以從小說和電影學到很多，弗里茲・朗很會說故事，他是個故事編輯的天才。

厄尼斯特・海明威回顧他二十幾歲在巴黎的日子說：「如果你夠幸運，年輕時曾在巴黎生活，無論你的餘生去哪裡，這段記憶都會跟著你，因爲巴黎是個流動的饗宴。」

把哥本哈根也變成你的流動饗宴吧。

回頭見！

愛你的，

老爸

Psychological Review 129, no. 4 (2022): 790–811; the correlations on happiness and meaning (purpose in life) come from Jeromy Anglim, Sharon Horwood, Luke Smillie, Rosario Marrero, and Joshua Wood, "Predicting Psychological and Subjective Well-Being from Personality: A Meta-Analysis," *Psychological Bulletin* 146, no. 4 (2020): 279–323.

（參考資源請從第342頁開始翻閱）

Affective Science 1 (2020): 107–15, https://doi.org/10.1007/s42761-020-00011-z.
- travels to Ukraine in search of Augustine: Jonathan Safran Foer, *Everything Is Illuminated* (Boston: Houghton Mifflin, 2002).
- people tend to regret the things they could have done: Thomas Gilovich and Victoria Husted Medvec, "The Experience of Regret: What, When, and Why," *Psychological Review* 102, no. 2 (1995): 379–95, https://doi.org/10.1037/0033-295X.102.2.379.
- poet Ada Calhoun recalls how her parents: Ada Calhoun, "The Poet Who Taught Me to Be in Love with the World," *New York Times Magazine,* January 11, 2023.
- On days when people do something new: Shigehiro Oishi, Hyewon Choi, Ailin Liu, and Jaime Kurtz, "Experiences Associated with Psychological Richness," *European Journal of Personality* 35, no. 5 (2021): 754–70.
- the poem "Ed" : Louis Simpson, "Ed," *Collected Poems* (New York: Paragon House, 1990).

附錄

- Appendix 1: Psychologically Rich Life Questionnaire: Taken from Shigehiro Oishi, Hyewon Choi, Nicholas Buttrick, Samantha Heintzelman, Kostadin Kushlev, Erin Westgate, Jane Tucker, Charles Ebersole, Jordan Axt, Elizabeth Gilbert, Brandon Ng, and Lorraine Besser, "The Psychologically Rich Life Questionnaire," *Journal of Research in Personality* 81 (2019): 257–70.
- Appendix 2: Note on correlations: The correlations on psychological richness come from Shigehiro Oishi and Erin Westgate, "A Psychologically Rich Life: Beyond Happiness and Meaning,"

- "The world has raised its whip": Virginia Woolf, *Mrs. Dalloway* (1925; reprint, London: Macmillan Collector's Library, 2017), 17.
- "He had been a Socialist" : Woolf, *Mrs. Dalloway,* 57.
- "Richard has improved . . . extraordinary excitement?" : Woolf, *Mrs. Dalloway,* 216.

第十四章

- "I really like familiarity" : Levy cited in Ellen Carpenter, "Eugene Levy Takes Viewers Around the World (Hesitantly) in *The Reluctant Traveler,*" *Hemispheres,* February 17, 2023.
- Toni Morrison's *Jazz,* Violet: Toni Morrison, *Jazz* (1992; reprint, New York: Vintage, 2004), 208.
- James invented the self-esteem equation: William James, *The Principles of Psychology* (New York: Henry Holt, 1890), 1: 310.
- two main tasks of humans are to work and to love: Erik H. Erikson, *Childhood and Society* (New York: W. W. Norton, 1950).
- I analyzed Payscale's survey: "The Most and Least Interesting Jobs," Payscale, www.payscale.com/data-packages/most-and-least-meaningful-jobs.
- *Two Psychologists Four Beers:* Yoel Inbar and Alexa Tullett, "The Good Life," *Two Psychologists Four Beers* (podcast), episode 71.
- When we asked participants: Shigehiro Oishi, Hyewon Choi, Minkyung Koo, Iolanda Galinha, Keiko Ishii, Asuka Komiya, Maike Luhmann, Christie Scollon, Ji-eun Shin, Hwaryung Lee, Eunkook Suh, Joar Vittersø, Samantha Heintzelman, Kostadin Kushlev, Erin Westgate, Nicholas Buttrick, Jane Tucker, Charles Ebersole, Jordan Axt, Elizabeth Gilbert, Brandon Ng, Jaime Kurtz, and Lorraine Besser, "Happiness, Meaning, and Psychological Richness,"

doi.org/10.1037 /a0019628.

- "The historical nature of marital love" : Kierkegaard, *Either/Or,* 435.
- "The whole of life is lived" : Kierkegaard, *Either/Or,* 422.
- "In music an even tempo" : Kierkegaard, *Either/Or,* 455.
- one of the most famous relationship experiments: Arthur Aron, Christina Norman, Elaine Aron, Colin McKenna, and Richard Heyman, "Couples' Shared Participation in Novel and Arousing Activities and Experienced Relationship Quality," *Journal of Personality and Social Psychology* 78, no. 2 (2000): 273–84, https://doi.org/10.1037/0022 -3514 .78.2.273.
- found that 40 percent of those married: Daniel O'Leary, Bianca Acevedo, Arthur Aron, Leonie Huddy, and Debra Mashek, "Is Long-Term Love More Than a Rare Phenomenon? If So, What Are Its Correlates?," *Social Psychological and Personality Science* 3, no. 2 (2012): 241–49.
- the researchers used a neuroimaging technique: Bianca Acevedo, Arthur Aron, Helen Fisher, and Lucy Brown, "Neural Correlates of Long-Term Intense Romantic Love," *Social Cognitive and Affective Neuroscience* 7, no. 2 (2012): 145–59.
- Aron said he and his wife: Kira Newman, "How Love Researcher Art Aron Keeps His Own Relationship Strong," *Greater Good Magazine,* July 23, 2018.
- nostalgia—sentimental longing for one's past—has a number: Constantine Sedikides and Tim Wildschut, "Finding Meaning in Nostalgia," *Review of General Psychology* 22, no. 1 (2018): 48–61.
- Woolf has enthusiastic fans across generations: Jenny Offill, "A Lifetime of Lessons in *Mrs. Dalloway,*" *The New Yorker,* December 29, 2020.

(1977; reprint, New York: Vintage, 2004).

第十三章

- “Too much mystery is merely an annoyance” : Dean Koontz, *Odd Thomas* (New York: Bantam, 2003), 4.
- analyzed the Midlife in the United States (MIDUS) data: Shigehiro Oishi and Ulrich Schimmack, “Residential Mobility, Well-Being, and Mortality,” *Journal of Personality and Social Psychology* 98, no. 6 (2010): 980–94, https://doi.org/10.1037/a0019389.
- *New York Times* reported on our paper: Pamela Paul, “Does Moving a Child Create Adult Baggage?,” *New York Times,* July 9, 2010.
- Morris praised the show: Wesley Morris, “Review: Taylor Mac's 24-Hour Concert Was One of the Great Experiences of My Life,” *New York Times,* October 10, 2016.
- Needham wrote in *The Guardian:* Alex Needham, “Taylor Mac Review: 24-Hour-Long Pop Show Is Everything,” *The Guardian,* October 10, 2016.
- Polley published a book: Sarah Polley, *Run Towards the Danger: Confrontations with a Body of Memory* (New York: Penguin Press, 2022).
- *Either/Or* is all about the conflicts: Søren Kierkegaard, *Either/Or: A Fragment of Life,* trans. Alastair Hannay (1843, translated 1992; reprint, London: Penguin, 2004).
- “for me this is a matter” : Kierkegaard, *Either/Or,* 405.
- Fincham and colleagues did a fascinating study: Frank Fincham, Nathaniel Lambert, and Steven Beach, “Faith and Unfaithfulness: Can Praying for Your Partner Reduce Infidelity?,” *Journal of Personality and Social Psychology* 99, no. 4 (2010): 649–59, https://

Journal of Experimental Psychology: General 104, no. 3 (1975): 268–94, https://doi.org/10.1037/0096-3445.104.3.268.

- rehearsal: Edward Awh, John Jonides, and Patricia Reuter-Lorenz, "Rehearsal in Spatial Working Memory," *Journal of Experimental Psychology: Human Perception and Performance* 24, no. 3 (1998): 780–90, https://doi.org/10.1037/0096-1523.24.3.780.
- consolidation: James McGaugh, "Memory Consolidation and the Amygdala: A Systems Perspective," *Trends in Neurosciences* 25, no. 9 (2002): 456–61.
- we need to pay attention to what is happening: Fergus Craik and Michael Watkins, "The Role of Rehearsal in Short-Term Memory," *Journal of Verbal Learning and Verbal Behavior* 12 (1973): 599–607.
- sensation-seekers did poorly in short-term memory: Tim Bogg and Peter Finn, "A Self-Regulatory Model of Behavioral Disinhibition in Late Adolescence: Integrating Personality Traits, Externalizing Psychopathology, and Cognitive Capacity," *Journal of Personality* 78, no. 2 (2010): 441–70.
- Retelling: Elizabeth Marsh, "Retelling Is Not the Same as Recalling: Implications for Memory," *Current Directions in Psychological Science* 16, no. 1 (2007): 16–20.
- Sixo, a character in Toni Morrison's *Beloved:* Toni Morrison, *Beloved* (1987; reprint, New York: Vintage, 2004), 321.
- "If you are lucky enough" : Ernest Hemingway, *A Moveable Feast* (New York: Scribner's, 1964).
- by writing you can organize your thoughts: James Pennebaker and Janel Seagal, "Forming a Story: The Health Benefits of Narrative," *Journal of Clinical Psychology* 55, no. 10 (1999): 1243–54.
- the main character, Macon Dead III: Toni Morrison, *Song of Solomon*

Struggles Influences Students' Interest and Learning in Physics," *Journal of Educational Psychology* 104, no. 2 (2012): 469–84, https://doi .org/10.1037/a0026224.

· numerous intervention studies of this sort: Gregory Walton and Timothy Wilson, "Wise Interventions: Psychological Remedies for Social and Personal Problems," *Psychological Review* 125, no. 5 (2018): 617–55, https://doi.org/10.1037/rev0000115; Rory Lazowski and Chris Hulleman, "Motivation Interventions in Education: A Meta-Analytic Review," *Review of Educational Research* 86, no. 2 (2016): 602–40.

· McAdams even wrote a book: Dan McAdams, *George W. Bush and the Redemptive Dream: A Psychological Portrait* (New York: Oxford University Press, 2011).

· individuals who tell a redemptive story: Jen Guo, Miriam Klevan, and Dan McAdams, "Personality Traits, Ego Development, and the Redemptive Self," *Personality and Social Psychology Bulletin* 42, no. 11 (2016): 1551–63.

· Individuals high in openness to experience: Dan McAdams, Nana Akua Anyidoho, Chelsea Brown, Yi Ting Huang, Bonnie Kaplan, and Mary Anne Machado, "Traits and Stories: Links Between Dispositional and Narrative Features of Personality," *Journal of Personality* 72, no. 4 (2004): 761–84.

· Rogers and colleagues asked half: Benjamin Rogers, Herrison Chicas, John Michael Kelly, Emily Kubin, et al., "Seeing Your Life as a Hero's Journey Increases Meaning in Life," *Journal of Personality and Social Psychology* 125, no. 4 (2023): 752–78.

· deep processing: Fergus Craik and Endel Tulving, "Depth of Processing and the Retention of Words in Episodic Memory,"

227–38, https://doi.org/10.1037/0003-066X.56.3.227.

- James commented on this painting: William James, *The Varieties of Religious Experience: A Study in Human Nature* (New York: Longmans, Green, 1902), 50.

第十二章

- "How often do we tell our own life story?" : Julian Barnes, *The Sense of an Ending* (New York: Knopf, 2011), 104.
- Wilson discusses this exact process: Timothy Wilson, *Redirect: The Surprising New Science of Psychological Change* (New York: Little, Brown, 2011), 11.
- parents of college students taking an intro: Anne Wilson and Michael Ross, "From Chump to Champ: People's Appraisals of Their Earlier and Present Selves," *Journal of Personality and Social Psychology* 80, no. 4 (2001): 572–84, https://doi.org/10.1037/0022-3514.80.4.572.
- traits such as musical skills and math abilities: Justin Kruger, "Lake Wobegon Be Gone! The 'Below-Average Effect' and the Egocentric Nature of Comparative Ability Judgments," *Journal of Personality and Social Psychology* 77, no. 2 (1999): 221–32, https://doi.org/10.1037/0022 -3514.77.2.221.
- an intriguing experiment to show how: Timothy Wilson and Patricia Linville, "Improving the Academic Performance of College Freshmen: Attribution Therapy Revisited," *Journal of Personality and Social Psychology* 42, no. 2 (1982): 367–76, https://doi.org/10.1037/0022 -3514.42.2.367.
- experiment telling one group of tenth-grade students: Huang-Yao Hong and Xiaodong Lin-Siegler, "How Learning About Scientists'

- best, most direct evidence for this: Yiyuan Li, Hong Li, Jean Decety, and Kang Lee, "Experiencing a Natural Disaster Alters Children's Altruistic Giving," *Psychological Science* 24, no. 9 (2013): 1686–95.
- trends in job applications at the municipality level: Shigehiro Oishi, Ayano Yagi, Asuka Komiya, Florian Kohlbacher, Takashi Kusumi, and Keiko Ishii, "Does a Major Earthquake Change Job Preferences and Human Values?," *European Journal of Personality* 31, no. 3 (2017): 258–65.
- "a treasure amidst ruins" : Sa'di, *The Gulistan of Sa'di,* story 39. https://classics.mit.edu/Sadi/guilistan.2.i.html.
- study examined whether individuals who were exposed: Gianluca Grimalda, Nancy Buchan, Orgul Ozturk, Adriana Pinate, Giulia Urso, and Marilynn Brewer, "Exposure to COVID-19 Is Associated with Increased Altruism, Particularly at the Local Level," *Scientific Reports* 11 (2021): 18950.
- Did an unusual experience of COVID-19: Micael Dahlen and Helge Thorbjørnsen, "An Infectious Silver Lining: Is There a Positive Relationship Between Recovering from a COVID Infection and Psychological Richness of Life?," *Frontiers in Psychology* 13 (2022): 785224.
- at least 6,000 Koreans were killed: Sonia Ryang, "The Great Kanto Earthquake and the Massacre of Koreans in 1923: Notes on Japan's Modern National Sovereignty," *Anthropological Quarterly* 76, no. 4 (2003): 731–48.
- Vigilantes were formed and they inflicted: Solnit, *Paradise Built in Hell*, 1.
- Most people do move on: Ann Masten, "Ordinary Magic: Resilience Processes in Development," *American Psychologist* 56, no. 3 (2001):

- an extraordinary personal story: Daniel Kahneman, "Daniel Kahneman: Biographical" (2002), Nobel Prize website.
- Kahneman didn't characterize his life as meaningful: Amir Mandel, "Why Nobel Prize Winner Daniel Kahneman Gave Up on Happiness," *Haaretz,* October 7, 2018.
- "It changed my perspective for life" : Thomas Gaffney, "After Hurricane Sandy Wreaked Havoc, a Changed Perspective," *New York Times,* November 30, 2013.
- Bridges and his son Jordan: Courtney Gisriel, "Survivor Stories: Family Reflects on How Hurricane Katrina Brought Them Closer Together," *Today,* NBC, September 27, 2018.
- compassion: *Visions of Compassion,* edited by Richard J. Davidson and Anne Harrington (New York: Oxford University Press, 2002). Jennifer L. Goetz, Dacher Keltner, and Emiliana Simon-Thomas, "Compassion: An Evolutionary Analysis and Empirical Review," *Psychological Bulletin* 136, no. 3 (2010): 351–74. Christopher Peterson and Martin E. P. Seligman, *Character Strengths and Virtues: A Handbook and Classification* (New York: Oxford University Press, 2004).
- To investigate, I spent my sabbatical year: Shigehiro Oishi, Reo Kimura, Haruo Hayashi, Shigeo Tatsuki, Keiko Tamura, Keiko Ishii, and Jane Tucker, "Psychological Adaptation to the Great Hanshin-Awazi Earthquake of 1995: 16 Years Later Victims Still Report Lower Levels of Subjective Well-Being," *Journal of Research in Personality* 55 (2015): 84–90.
- Solnit documents numerous examples: Rebecca Solnit, *A Paradise Built in Hell: The Extraordinary Communities That Arise in Disaster* (New York: Penguin, 2009). Quotes on 16.

・those with more cross-cultural experiences cheated more: Jackson Lu, Jordi Quoidbach, Francesca Gino, Alek Chakroff, William Maddux, and Adam Galinsky, "The Dark Side of Going Abroad: How Broad Foreign Experiences Increase Immoral Behavior," *Journal of Personality and Social Psychology* 112, no. 1 (2017): 1–16, https://doi.org/10.1037 /pspa0000068.
・"if you're not busy being born" : Walter Isaacson, *Steve Jobs* (New York: Simon & Schuster, 2011), 570. Jobs's Bob Dylan paraphrase comes from the song "It's Alright, Ma (I'm Only Bleeding)" (1965).

第十一章

・"For a typically healthy person" : Friedrich Nietzsche, "Why I Am So Wise," in *On the Genealogy of Morals and Ecce Homo,* trans. Walter Kaufmann and R. J. Hollingdale (1887 and 1908 [1888]; reprint, New York: Vintage, 1989), 224.
・earthquakes as a sort of catharsis: Friedrich Nietzsche, *Thus Spoke Zarathustra: A Book for All and None,* trans. Walter Kaufmann (1883–1892, translated 1954; reprint, New York: Penguin, 1978), 211.
・"Why I Am So Wise," "Why I Am So Clever," and "Why I Write Such Good Books" : Nietzsche, *On the Genealogy of Morals and Ecce Homo.*
・"it permitted, it *commanded* me" : Nietzsche, "Human, All Too Human," in *On the Genealogy of Morals and Ecce Homo,* 287.
・"Looking from the perspective" : Nietzsche, "Why I Am So Wise," in *On the Genealogy of Morals and Ecce Homo,* 223.
・in one widely cited 1974 paper: Amos Tversky and Daniel Kahneman, "Judgment Under Uncertainty: Heuristics and Biases," *Science* 185, no. 4157 (1974): 1124–31.

- Loss aversion makes us conservative: Deborah Kermer, Erin Driver-Linn, Timothy Wilson, and Daniel Gilbert, "Loss Aversion Is an Affective Forecasting Error," *Psychological Science* 17, no. 8 (2006): 649–53.
- tested how much people enjoy talking to strangers: Nicholas Epley and Juliana Schroeder, "Mistakenly Seeking Solitude," *Journal of Experimental Psychology: General* 143, no. 5 (2014): 1980–99.
- evidence showing that multicultural experiences: Angela Ka-yee Leung, William Maddux, Adam Galinsky, and Chi-yue Chiu, "Multicultural Experience Enhances Creativity," *American Psychologist* 63, no. 3 (2008): 169–81.
- attach a candle to a wall: A solution to the Duncker candle problem is as follows: First, take the tacks out of the box. Second, attach the empty box to the wall using a tack. Third, put the candle on the box and light the candle with a match!
- A smile is a good example: Magdalena Rychlowska, Yuri Miyamoto, David Matsumoto, Ursula Hess, et al., "Heterogeneity of Long-History Migration Explains Cultural Differences in Reports of Emotional Expressivity and the Functions of Smiles," *Proceedings of the National Academy of Sciences* 112, no. 19 (2015): e2429–e2436.
- benefits of multicultural experiences: William Maddux, Jackson Lu, Salvatore Affinito, and Adam Galinsky, "Multicultural Experiences: A Systematic Review and New Theoretical Framework," *Academy of Management Annals* 15, no. 2 (2021): 345–76.
- undesirable outcomes correlated with multicultural experience: Salvatore Affinito, Giselle Antoine, Kurt Gray, and William Maddux, "Negative Multicultural Experiences Can Increase Intergroup Bias," *Journal of Experimental Social Psychology* 109 (2023): 104498.

- zeroed in on the familiarity effect: Robert B. Zajonc, "Attitudinal Effects of Mere Exposure," *Journal of Personality and Social Psychology* 9, no. 2, pt. 2 (1968): 1–27, https://doi.org/10.1037/h0025848.
- field experiment in a real college classroom: Richard Moreland and Scott Beach, "Exposure Effects in the Classroom: The Development of Affinity Among Students," *Journal of Experimental Social Psychology* 28, no. 3 (1992): 255–76.
- perceived similarity leads to attraction: Donn Byrne, *The Attraction Paradigm* (New York: Academic Press, 1971); R. Matthew Montoya and Robert Horton, "A Meta-Analytic Investigation of the Process Underlying the Similarity-Attraction Effect," *Journal of Social and Personal Relationships* 30, no. 1 (2012): 64–94.
- use residential mobility data from the U.S.: Shigehiro Oishi, Felicity Miao, Minkyung Koo, Jason Kisling, and Kate Ratliff, "Residential Mobility Breeds Familiarity-Seeking," *Journal of Personality and Social Psychology* 102, no. 1 (2012): 149–62, https://doi.org/10.1037/a0024949.
- Thaler discovered a related phenomenon: Daniel Kahneman, Jack Knetsch, and Richard Thaler, "Experimental Tests of the Endowment Effect and the Coase Theorem," *Journal of Political Economy* 98, no. 6 (1990): 1325–48.
- consumers were asked to plan a snack: Itamar Simonson, "The Effect of Purchase Quantity and Timing on Variety-Seeking Behavior," *Journal of Marketing Research* 27, no. 2 (1990): 150–62.
- related to a larger human tendency: Daniel Kahneman and Amos Tversky, "Prospect Theory: An Analysis of Decision Under Risk," *Econometrica* 47, no. 2 (1979): 263–91.

York: Oxford University Press, 1999), 287–308.

- only 30 percent of college students followed: Walter Herbranson, Hunter Pluckebaum, Jaidyanne Podsobinski, and Zachary Hartzell, "Don't Let the Pigeon Chair the Search Committee: Pigeons (*Columba livia*) Match Humans' (*Homo sapiens*) Suboptimal Approach to the Secretary Problem," *Journal of Comparative Psychology* 136, no. 1 (2022): 3–19, https://doi.org/10.1037/com0000304.
- people make suboptimal choices: Bruno Frey and Reiner Eichenberger, "Marriage Paradoxes," *Rationality and Society* 8, no. 2 (1996): 187–206.
- Psychologists Samantha Cohen and Peter Todd: Samantha Cohen and Peter Todd, "Relationship Foraging: Does Time Spent Searching Predict Relationship Length?," *Evolutionary Behavioral Sciences* 12, no. 3 (2018): 139–51, https://doi.org/10.1037/ebs0000131.
- Bossard, a sociologist at the University of Pennsylvania: James H. S. Bossard, "Residential Propinquity as a Factor in Marriage Selection," *American Journal of Sociology* 38, no. 2 (1932): 219–24.
- Philadelphia was ethnically and racially segregated: Ken Finkel, "Roots of Segregation in Philadelphia, 1920–1930," *PhillyHistory Blog,* February 22, 2016. Tim Wilson shared this post with me.
- Haandrikman and her colleagues: Karen Haandrikman, Carel Harmsen, Leo van Wissen, and Inge Hutter, "Geography Matters: Patterns of Spatial Homogamy in the Netherlands," *Population, Space and Place* 14, no. 5 (2008): 387–405.
- In the late 1940s, social psychologists: Leon Festinger, Stanley Schachter, and Kurt Back, *Social Pressures in Informal Groups: A Study of Human Factors in Housing* (New York: Harper, 1950).

Sport: Aesthetics, Ethics and Emotion (Abingdon, UK: Routledge, 2012).

- Proust talks about the role of art: Marcel Proust, *In Search of Lost Time,* vol. 6: *Time Regained,* trans. Andreas Mayor and Terence Kilmartin, revised by D. J. Enright (1927, translated 1981; reprint, New York: Modern Library, 2003), 299.
- Ebert watched over 10,000 movies: Roger Ebert, "Reflections After 25 Years at the Movies," RogerEbert.com, April 8, 2016 (originally published 1992).

第十章

- "And the purpose of life" : Eleanor Roosevelt, *You Learn by Living* (New York: Harper, 1960).
- Pascal would have called "diversions" : Blaise Pascal, *Pensées and Other Writings,* trans. Honor Levi (1670; translation, Oxford: Oxford University Press, 1995).
- English zoologist John Richard Krebs: John Krebs, Alejandro Kacelnik, and Peter Taylor, "Test of Optimal Sampling by Foraging Great Tits," *Nature* 275 (1978): 27–31.
- we asked 585 UVA students what kind: Yingxue Liu, Youngjae Cha, and Shigehiro Oishi, "Exploring the Unknown: Identity Exploration Predicts Preference for a Psychologically Rich Life," Data Blitz presentation at the Society for Personality and Social Psychology meeting, Atlanta, Georgia, 2023.
- psychologists Peter Todd and Geoffrey Miller: Peter Todd and Geoffrey Miller, "From Pride and Prejudice to Persuasion: Satisficing in Mate Search," in *Simple Heuristics That Make Us Smart,* eds. Gerd Gigerenzer, Peter Todd, and the ABC Research Group (New

Twemlow, "A Painting as an Experience," Metropolitan Museum of Art, March 18, 2013.

- complex ones are typically perceived: D. E. Berlyne, *Aesthetics and Psychobiology* (New York: Appleton, 1971).
- Berlyne manipulated two factors: D. E. Berlyne and Sylvia Peckham, "The Semantic Differential and Other Measures of Reaction to Visual Complexity," *Canadian Journal of Psychology* 20, no. 2 (1966): 125–35.
- Silvia conducted an intriguing experiment: Samuel Turner Jr. and Paul Silvia, "Must Interesting Things Be Pleasant? A Test of Competing Appraisal Structures," *Emotion* 6, no. 4 (2006): 670–74.
- Silvia explored the role of comprehension: Paul Silvia, "What Is Interesting? Exploring the Appraisal Structure of Interest," *Emotion* 5, no. 1 (2005): 89–102.
- we asked over 5,000 people about their reading: Nicholas Buttrick, Erin Westgate, and Shigehiro Oishi, "Reading Literary Fiction Is Associated with a More Complex Worldview," *Personality and Social Psychology Bulletin* 49, no. 9 (2022): 1408–20, https://doi .org/10.1177/01461672221106059.
- we found empirical support: Lionel Trilling, *The Liberal Imagination: Essays on Literature and Society* (New York: Viking, 1950).
- participants who saw the figure-ground drawings: Summarized in Shigehiro Oishi and Erin Westgate, "A Psychologically Rich Life: Beyond Happiness and Meaning," *Psychological Review* 129, no. 4 (2022): 790–811, https://doi.org/10.1037/rev0000317.
- "games which bring with them no further interest" : Kant, *Critique of Judgment,* 111.
- watching sports could be construed: Stephen Mumford, *Watching*

第九章

- “I was always going to the bookcase” : Virginia Woolf, The Waves (1931; reprint, Hertfordshire, UK: Wordsworth Classics, 2000), 141.
- “I've read more than 4,000 books” : “Meet Man Who Has Read Over 4,000 Books in His Library,” Reporters at Large, January 29, 2023.
- “These afternoons were crammed” : Marcel Proust, In Search of Lost Time, vol 1: Swann's Way, trans. C. K. Scott Moncrieff and Terence Kilmartin, revised by D. J. Enright (1913; translation, New York: Modern Library, 2003), 116–17.
- “Lord Darlington wasn't a bad man” : Kazuo Ishiguro, The Remains of the Day (New York: Vintage, 1990), 243.
- melding of attention, imagery, and feeling: Melanie Green and Timothy Brock, “The Role of Transportation in the Persuasiveness of Public Narratives,” Journal of Personality and Social Psychology 79, no. 5 (2000): 701–21, https://doi.org/10.1037/0022-3514.79.5.701.
- “those that are directed . . . social communication” : Immanuel Kant, Critique of Judgment, trans. J. H. Bernard (1790, translated 1914; reprint, Mineola, N.Y.: Dover, 2005), 111.
- Rollins, the legendary jazz saxophonist: Sonny Rollins, “Art Never Dies,” New York Times, May 18, 2020.
- David Brooks echoes: David Brooks, “The Power of Art in a Political Age,” New York Times, March 2, 2023.
- Heidegger's “Das Gerede” : Martin Heidegger, Being and Time, trans. John Macquarrie and Edward Robinson (1927, translated 1962; reprint, New York: Harper Perennial, 2008), 212, 216.
- Social media is endless chatter: Jonathan Haidt, The Anxious Generation (New York: Penguin, 2024).
- “A painting is not about an experience” : Rothko cited in Maleficent

The Wealth of Nations (1776; reprint, New York: Bantam Classic, 2003).

- I even named the first book I wrote: Shigehiro Oishi, *The Psychological Wealth of Nations: Do Happy People Make a Happy Society?* (Malden, Mass.: Wiley-Blackwell, 2012).
- "the typical scientist during my graduate years" : Jerome Kagan, *The Three Cultures: Natural Sciences, Social Sciences, and the Humanities in the 21st Century* (New York: Cambridge University Press, 2009), vii–viii.
- Marx famously speculated: Karl Marx, *Capital: A Critique of Political Economy,* vol. 1: *The Process of Capitalist Production,* ed. Frederick Engels, trans. Samuel Moore and Edward Aveling (Chicago: Charles H. Kerr, 1906).
- In his presidential address: Kai Erikson, "On Work and Alienation," *American Sociological Review* 51, no. 1 (1986): 1–8.
- Kohn found some evidence: Melvin Kohn, "Occupational Structure and Alienation," *American Journal of Sociology* 82, no. 1 (1976): 111–30.
- The more answers someone waited for: Caroline Marvin and Daphna Shohamy, "Curiosity and Reward: Valence Predicts Choice and Information Prediction Errors Enhance Learning," Journal of Experimental Psychology: General 145, no. 3 (2016): 266–72, https://doi.org/10.1037 /xge0000140.
- Whillans and colleagues found: Ashley Whillans, Elizabeth Dunn, Paul Smeets, Rene Bekkers, and Michael Norton, "Buying Time Promotes Happiness," Proceedings of the National Academy of Sciences 114, no. 32 (2017): 8523–27.

(2005): 290–307.

- “No matter how many friends you make” : Alex Williams, “Why Is It Hard to Make Friends Over 30?,” *New York Times,* July 13, 2012.
- The philosopher Jason D’Cruz: Jason D’Cruz, “Volatile Reasons,” *Australasian Journal of Philosophy* 91, no. 1 (2013).
- Psychologists report that being gritty: Wen Jiang, Jiang Jiang, Xiaopeng Du, Dian Gu, Ying Sun, and Yue Zhang, “Striving and Happiness: Between-and Within-Person-Level Associations Among Grit, Needs Satisfaction and Subjective Well-Being,” *Journal of Positive Psychology* 15, no. 4 (2020): 543–55.
- kind: Keiko Otake, Satoshi Shimai, Junko Tanaka-Matsumi, Kanako Otsui, and Barbara Fredrickson, “Happy People Become Happier Through Kindness: A Counting Kindness Intervention,” *Journal of Happiness Studies* 7, no. 3 (2006): 361–75.
- sociable: Victoria Reyes-García, Ricardo Godoy, Vincent Vadez, Isabel Ruíz-Mallén, et al., “The Pay-Offs to Sociability: Do Solitary and Social Leisure Relate to Happiness?,” *Human Nature* 20 (2009): 431–46.
- mindful: Cristián Coo and Marisa Salanova, “Mindfulness Can Make You Happy-and-Productive: A Mindfulness Controlled Trial and Its Effects on Happiness, Work Engagement and Performance,” *Journal of Happiness Studies* 19, no. 6 (2018): 1691–711.

第八章

- get things done: Ayelet Fishbach, *Get It Done: Surprising Lessons from the Science of Motivation* (New York: Little, Brown Spark, 2022).
- The copy I bought: Alan B. Krueger, “Introduction,” in Adam Smith,

Biography of William James Sidis (New York: Dutton, 1986).

- Ohtani jokingly gave his bat CPR: Stephanie Apstein, "Angels Star Shohei Ohtani Is a Legendary Hitter, Pitcher and Prankster," *Sports Illustrated,* May 13, 2022.
- interview with Patrick Bet-David: "Shaq Opens Up About Kobe, Creating Wealth and Life," *PBD Podcast,* September 12, 2022.
- playfulness is a blend: René Proyer, "A New Structural Model for the Study of Adult Playfulness: Assessment and Exploration of an Understudied Individual Differences Variable," *Personality and Individual Differences* 108 (2017): 113–22, https://doi.org/10.1016/j.paid.2016.12.011.
- "an openness to being a fool" : Maria Lugones. "Playfulness, 'World'-Travelling, and Loving Perception," *Hypatia* 2, no. 2 (1987): 17.
- Proyer found that playful people: René Proyer, "The Well-Being of Playful Adults: Adult Playfulness, Subjective Well-Being, Physical Well-Being, and the Pursuit of Enjoyable Activities," *European Journal of Humour Research* 1, no. 1 (2013): 84–98, https://doi.org/10.7592 /EJHR2013.1.1.proyer.
- A recent study: René T. Proyer, Fabian Gander, Kay Brauer, and Garry Chick, "Can Playfulness Be Stimulated? A Randomised Placebo-Controlled Online Playfulness Intervention Study on Effects on Trait Playfulness, Well-being, and Depression," *Applied Psychology: Health and Well-Being* 13, no. 1 (2021): 129–51.
- Hinds partnered with Mark Mortensen: Pamela Hinds and Mark Mortensen, "Understanding Conflict in Geographically Distributed Teams: The Moderating Effects of Shared Identity, Shared Context, and Spontaneous Communication," *Organization Science* 16, no. 3

Childhood and Society (1950; reprint, New York: W. W. Norton, 1985), 212.

- already training at eight years old: Mitch Bowmile, "Michael Phelps: The Making of a Champion," *SwimSwam,* May 8, 2020.
- Biles is another extraordinary athlete: Simone Biles website, Simone biles.com/about/.
- humans have an extraordinarily long childhood: Alison Gopnik, "Childhood as a Solution to Explore-Exploit Tensions," *Philosophical Transactions of the Royal Society B* 375, no. 1803 (2020): 20190502, https://doi.org/10.1098/rstb.2019.0502.
- a time of play, which is crucial for learning: Brenna Hassett, *Growing Up Human: The Evolution of Childhood* (London: Bloomsbury Sigma, 2022).
- A recent study examined whether: Arne Güllich, Brooke Macnamara, and David Hambrick, "What Makes a Champion? Early Multidisciplinary Practice, Not Early Specialization, Predicts World-Class Performance," *Perspectives on Psychological Science* 17, no. 1 (2022): 6–29, https://doi.org/10.1177/1745691620974772.
- Another study compared forty-eight German Nobel: Angela Graf, *Die Wissenschaftselite Deutschlands. Sozialprofil und Werdegänge zwischen 1945 und 2013* [Germany's scientific elite. Social profile and careers from 1945 to 2013] (Frankfurt: Campus Verlag, 2015), cited in Güllich et al., "What Makes a Champion?"
- the essay "Human, All Too Human" : Friedrich Nietzsche, *On the Genealogy of Morals and Ecce Homo,* trans. Walter Kaufmann and R. J. Hollingdale (1887 and 1908 [1888]; reprint, New York: Vintage, 1989), 287.
- story of William James Sidis: Amy Wallace, *The Prodigy: A*

doi .org/10.1037/0033-2909.125.2.276.

- Primarily because the quality of social: Ed Diener and Martin Seligman, "Very Happy People," *Psychological Science* 13, no. 1 (2002): 81–84.
- strong convictions: Robert P. Abelson, "Conviction," *American Psychologist* 43, no. 4 (1988): 267–75, https://doi.org/10.1037/0003-066X.43.4.267. Linda J. Skitka, Christopher W. Bauman, and Edward G. Sargis, "Moral Conviction: Another Contributor to Attitude Strength or Something More?," *Journal of Personality and Social Psychology* 88, no. 6 (2005): 895–917, https://doi.org/10.1037/0022-3514.88.6.895. Keith J. Yoder and Jean Decety, "Moral Conviction and Metacognitive Ability Shape Multiple Stages of Information Processing During Social Decision-Making," *Cortex* 151 (2022): 162–75.
- Even if you are neurotic: Mirjam Stieger, Christoph Flückiger, Dominik Rüegger, Tobias Kowatsch, Brent Roberts, and Mathias Allemand, "Changing Personality Traits with the Help of a Digital Personality Change Intervention," *Proceedings of the National Academy of Sciences* 118, no. 8 (2021): e2017548118.

第七章

- Robert McCrae and Paul Costa asked 240 men: Robert McCrae and Paul Costa, "Openness to Experience and Ego Level in Loevinger's Sentence Completion Test: Dispositional Contributions to Developmental Models of Personality," *Journal of Personality and Social Psychology* 39, no. 6 (1980): 1179–90, https://doi.org/10.1037/h0077727.
- "on vacation from social and economic reality" : Erik Erikson,

Openness to Experience: A Four-Factor Model and Relations to Creative Achievement in the Arts and Sciences," *Journal of Creative Behavior* 47, no. 4 (2013): 233–55.

- They talk to many new people: Daniel Feiler and Adam Kleinbaum, "Popularity, Similarity, and the Network Extraversion Bias," *Psychological Science* 26, no. 5 (2015): 593–603.
- One factor is their confidence: Helen Cheng and Adrian Furnham, "Personality, Peer Relations, and Self-Confidence as Predictors of Happiness and Loneliness," *Journal of Adolescence* 25, no. 3 (2002): 327–39.
- Instead, you are thinking about the benefits: Andrew Elliot and Todd Thrash, "Approach-Avoidance Motivation in Personality: Approach and Avoidance Temperaments and Goals," *Journal of Personality and Social Psychology* 82, no. 5 (2002): 804–18, https://doi.org/10.1037/0022 -3514.82.5.804.
- extraverts were involved with more: Jerry Burger and David Caldwell, "Personality, Social Activities, Job-Search Behavior and Interview Success: Distinguishing Between PANAS Trait Positive Affect and NEO Extraversion," *Motivation and Emotion* 24, no. 1 (2000): 51–62.
- Anglim and colleagues' meta-analysis: Jeromy Anglim, Sharon Horwood, Luke Smillie, Rosario Marrero, and Joshua Wood, "Predicting Psychological and Subjective Well-Being from Personality: A Meta-Analysis," *Psychological Bulletin* 146, no. 4 (2020): 279–323, https://doi .org/10.1037/bul0000226.
- a happy life is the preponderance: Ed Diener, Eunkook Suh, Richard Lucas, and Heidi Smith, "Subjective Well-Being: Three Decades of Progress," *Psychological Bulletin* 125, no. 2 (1999): 276–302, https://

Instruments and Observers," *Journal of Personality and Social Psychology* 52, no. 1 (1987): 81–90, https://doi.org/10.1037/0022-3514.52.1.81.

- early 1990s: Paul Costa and Robert McCrae, "Four Ways Five Factors Are Basic," *Personality and Individual Differences* 13, no. 6 (1992): 653–65; Oliver John and Richard Robins, "Determinants of Interjudge Agreement on Personality Traits: The Big Five Domains, Observability, Evaluativeness, and the Unique Perspective of the Self," *Journal of Personality* 61, no. 4 (1993): 521–51.
- we collected data from over 5,000 respondents: Shigehiro Oishi, Hyewon Choi, Nicholas Buttrick, Samantha Heintzelman, Kostadin Kushlev, Erin Westgate, Jane Tucker, Charles Ebersole, Jordan Axt, Elizabeth Gilbert, Brandon Ng, and Lorraine Besser, "The Psychologically Rich Life Questionnaire," *Journal of Research in Personality* 81 (2019): 257–70, https://doi.org/10.1016/j.jrp.2019.06.010.
- the correlation between heights of fathers: Karl Pearson and Alice Lee, "On the Laws of Inheritance in Man: I. Inheritance of Physical Characters," *Biometrika* 2, no. 4 (1903): 357–462.
- Students who are open to experience: Julia Zimmermann and Franz Neyer, "Do We Become a Different Person When Hitting the Road? Personality Development of Sojourners," *Journal of Personality and Social Psychology* 105, no. 3 (2013): 515–30, https://doi.org/10.1037 / a0033019.
- psychologists have classified openness: Colin DeYoung, Lena Quilty, Jordan Peterson, and Jeremy Gray, "Openness to Experience, Intellect, and Cognitive Ability," *Journal of Personality Assessment* 96, no. 1 (2014): 46–52; Scott Barry Kaufman, "Opening Up

Samantha Heintzelman, and Nick Buttrick, “The Emotional Tone of a Happy Life, a Meaningful Life, and a Psychologically Rich Life.” Paper under review (2023).

- study abroad students reported more: Oishi, Choi, Liu, and Kurtz, “Experiences Associated with Psychological Richness.”
- “light and dark, birth and death” : Susan Cain, *Bittersweet: How Sorrow and Longing Make Us Whole* (New York: Crown, 2022), xxii.
- In six studies, we explored: Oishi et al., “The Emotional Tone of a Happy Life.” Paper under review (2024).

第六章

- “It is better to live rich than die rich” : James Boswell, *The Life of Samuel Johnson* (1791; reprint, London: Verlag, 2023), 205.
- Our lab set out to quantify psychological richness: Shigehiro Oishi and Erin Westgate, “A Psychologically Rich Life: Beyond Happiness and Meaning,” *Psychological Review* 129, no. 4 (2022): 790–811, https://doi .org/10.1037/rev0000317.
- identify all the words describing personality: Gordon W. Allport and Henry S. Odbert, *Trait-Names: A Psycho-Lexical Study* (Princeton: American Psychological Association and Psychological Review Company, 1936).
- “If many human beings” : Allport and Odbert, *Trait-Names,* 19.
- Goldberg had 187 college students: Lewis Goldberg, “An Alternative ‘Description of Personality’: The Big-Five Factor Structure,” *Journal of Personality and Social Psychology* 59, no. 6 (1990): 1216–29, https://doi .org/10.1037/0022-3514.59.6.1216.
- These factors, known as the “Big Five” : Robert McCrae and Paul Costa, “Validation of the Five-Factor Model of Personality Across

York: Simon & Schuster, 2011), 48.

- "Tell me, what was" : Bowers cited in Isaacson, *Steve Jobs,* 537.
- She married in 1949 and raised three children: "Brad Ryan and His Grandma Joy Tour National Parks Together," *Morning Edition,* NPR, August 13, 2019.
- Watching Brad and Joy in an interview: "Why a Grandmother and Grandson Are Visiting Every U.S. National Park," *PBS NewsHour,* October 1, 2022.
- Marsh's research on extraordinary altruists: Abigail Marsh, "Extraordinary Altruism: A Cognitive Neuroscience Perspective," in *Positive Neuroscience,* eds. Joshua Greene, India Morrison, and Martin Seligman (New York: Oxford University Press, 2016), 143–56, https://doi .org/10.1093/acprof:oso/9780199977925.003.0010.

第五章

- "Read, every day" : "Christopher Morley, 1890–1957," Poetry Foundation.
- In his poem "Happiness" : Raymond Carver, "Happiness," *All of Us: The Collected Poems* (New York: Knopf, 1998).
- Kenyon writes about her routines: Jane Kenyon, "Otherwise," *Collected Poems* (Saint Paul, Minn.: Graywolf Press, 2007).
- Oliver in her poem "Wild Geese" : Mary Oliver, *Wild Geese: Selected Poems* (Tarset, UK: Bloodaxe Books, 2004).
- Hyewon Choi and I asked: Shigehiro Oishi, Hyewon Choi, Ailin Liu, and Jaime Kurtz, "Experiences Associated with Psychological Richness," *European Journal of Personality* 35, no. 5 (2021): 754–70.
- a psychologically rich day was one in which they felt more: Shigehiro Oishi, Erin Westgate, Youngjae Cha, Hyewon Choi,

・happiness and meaning as paths to a good life: Lyubomirsky, King, and Diener, “Benefits of Frequent Positive Affect”; Katarzyna Czekierda, Anna Banik, Crystal Park, and Aleksandra Luszczynska, “Meaning in Life and Physical Health: Systematic Review and Meta-Analysis,” *Health Psychology Review* 11, no. 4 (2017): 387–418, https://doi.org/10.1080/17437199.2017.1327325.

第四章

・“The world is a great book”: Thomas Fielding, *Select Proverbs of All Nations* (London: Longman, Hurst, Rees, Orme, Brown, and Green, 1824), 216.

・“Did all this make sense?”: Hermann Hesse, *Narcissus and Goldmund,* trans. Ursule Molinaro (1930, translated 1968; reprint, New York: Bantam, 1971), 297.

・“better, righter . . . better than Goldmund's life?”: Hesse, *Narcissus and Goldmund,* 214.

・“The so-called social pleasures”: Søren Kierkegaard, *Either/Or: A Fragment of Life,* trans. Alastair Hannay (1843, translated 1992; reprint, London: Penguin, 2004), 240–41.

・marriage as “a school for character”: Kierkegaard, *Either/Or,* 415.

・Stephen Dedalus in James Joyce's *A Portrait:* James Joyce, *A Portrait of the Artist as a Young Man* (1916; reprint, New York: Penguin, 2003), 158.

・In a 2015 *Atlantic* essay: Alison Gopnik, “How an 18th-Century Philosopher Helped Solve My Midlife Crisis: David Hume, the Buddha, and a Search for the Eastern Roots of the Western Enlightenment,” *The Atlantic,* October 2015.

・“Coming back to America”: Walter Isaacson, *Steve Jobs* (New

Distribution of Big Five Personality Traits: Patterns and Profiles of Human Self-Description Across 56 Nations," *Journal of Cross-Cultural Psychology* 38, no. 2 (2007): 173–212.

29 Others derive meaning in life: Roy Baumeister, *Meanings of Life* (New York: Guilford Press, 1991); Melissa Grouden and Paul Jose, "Do Sources of Meaning Differentially Predict Search for Meaning, Presence of Meaning, and Wellbeing?," *International Journal of Wellbeing* 5, no. 1 (2015): 33–52.

· associated with right-wing authoritarianism: Jake Womick, Brendon Woody, and Laura King, "Religious Fundamentalism, Right-Wing Authoritarianism, and Meaning in Life," *Journal of Personality* 90, no. 2 (2022): 277–93, https://doi.org/10.1111/jopy.12665.

· political conservatives: Ronnie Janoff-Bulman, "To Provide or Protect: Motivational Bases of Political Liberalism and Conservatism," *Psychological Inquiry* 20, nos. 2–3 (2009): 120–28; Jesse Graham, Jonathan Haidt, and Brian Nosek, "Liberals and Conservatives Rely on Different Sets of Moral Foundations," *Journal of Personality and Social Psychology* 96, no. 5 (2009): 1029–46, https://doi.org/10.1037/a0015141.

· higher levels of meaning in life as well as happiness: David Newman, Norbert Schwarz, Jesse Graham, and Arthur Stone, "Conservatives Report Greater Meaning in Life Than Liberals," *Social Psychological and Personality Science* 10, no. 4 (2019): 494–503, https://doi.org/10.1177/1948550618768241.

· "Terrorist groups provide an important source" : Simon Cottee and Keith Hayward, "Terrorist (E)motives: The Existential Attractions of Terrorism," *Studies in Conflict and Terrorism* 34, no. 12 (2011): 963–86.

· Religious people were better able: Nicole Stephens, Stephanie Fryberg, Hazel Rose Markus, and MarYam Hamedani, "Who Explains Hurricane Katrina and the Chilean Earthquake as an Act of God? The Experience of Extreme Hardship Predicts Religious Meaning-Making," *Journal of Cross-Cultural Psychology* 44, no. 4 (2013): 606–19.
· tend to be optimistic about the future: Steger, Frazier, Oishi, and Kaler, "The Meaning in Life Questionnaire."
· "Well, Mr. President, I'm helping" : John Nemo, "What a NASA Janitor Can Teach Us About Living a Bigger Life," *Business Journals,* December 23, 2014.
· Conscientious people achieve more: Brent Roberts, Nathan Kuncel, Rebecca Shiner, Avshalom Caspi, and Lewis Goldberg, "The Power of Personality: The Comparative Validity of Personality Traits, Socioeconomic Status, and Cognitive Ability for Predicting Important Life Outcomes," *Perspectives on Psychological Science* 2, no. 4 (2007): 313–45.
· the majority of Americans: David Schmitt and Jüri Allik, "Simultaneous Administration of the Rosenberg Self-Esteem Scale in 53 Nations: Exploring the Universal and Culture-Specific Features of Global Self-Esteem," *Journal of Personality and Social Psychology* 89, no. 4 (2005): 623–42, https://doi.org/10.1037/0022 -3514.89.4.623.
· optimistic about their futures: Matthew Gallagher, Shane Lopez, and Sarah Pressman, "Optimism Is Universal: Exploring the Presence and Benefits of Optimism in a Representative Sample of the World," *Journal of Personality* 81, no. 5 (2012): 429–40.
· say they are extraverted, non-neurotic: David Schmitt, Jüri Allik, Robert McCrae, and Verónica Benet-Martínez, "The Geographic

- scholars call a "meaningful life" : Michael Steger, Patricia Frazier, Shigehiro Oishi, and Matthew Kaler, "The Meaning in Life Questionnaire: Assessing the Presence of and Search for Meaning in Life," *Journal of Counseling Psychology* 53, no. 1 (2006): 80–93, https://doi .org/10.1037/0022-0167.53.1.80; Paul Bloom, *The Sweet Spot: The Pleasures of Suffering and the Search for Meaning* (New York: HarperCollins, 2021); Emily Esfahani Smith, *The Power of Meaning: Crafting a Life That Matters* (New York: Crown, 2017).
- significance, purpose, and coherence: Michael Steger, "Experiencing Meaning in Life: Optimal Functioning at the Nexus of Well-Being, Psychopathology, and Spirituality," in *The Human Quest for Meaning: Theories, Research, and Applications,* 2nd ed., ed. Paul Wong (New York: Routledge, 2012), 165–84.
- Graeber, in his book *Bullshit Jobs:* David Graeber, *Bullshit Jobs: A Theory* (New York: Simon & Schuster, 2018).
- "Be great" : Michelle Obama, "CCNY Commencement 2016," Commencement Archive, City College of New York.
- As she shared with *PBS:* "Brief but Spectacular: Dr. Donna Adams-Pickett, Obstetrician and Gynecologist," *PBS NewsHour,* February 5, 2023.
- 90 percent of Americans said they have meaning: Samantha Heintzelman and Laura King, "Life Is Pretty Meaningful," *American Psychologist* 69, no. 6 (2014): 561–74, https://doi.org/10.1037/a0035049.
- Another Gallup survey that focused on purpose: Heintzelman and King, "Life Is Pretty Meaningful."
- self-reported meaning in life is correlated: Steger, Frazier, Oishi, and Kaler, "The Meaning in Life Questionnaire."

第三章

- Jobs, Stanford University commencement speech: " 'You've Got to Find What You Love,' Jobs Says," *Stanford Report,* June 12, 2005.
- "To be stupid, selfish, and have good health" : Francis Steegmuller, *The Letters of Gustave Flaubert: 1830–1857* (Cambridge, Mass.: Harvard University Press, 1980), 62.
- " 'Happy' people are some of the dullest people" : Tony Schwartz, "Happiness Is Overrated," *Harvard Business Review,* October 5, 2010.
- Silverstein's poem "The Land of Happy" : Shel Silverstein, "The Land of Happy," *Where the Sidewalk Ends* (New York: Harper and Row, 1974), accessible at https://allpoetry.com/The-Land-Of-Happy.
- a happy life might be a selfish one: Carol Ryff, "Happiness Is Everything, or Is It? Explorations on the Meaning of Psychological Well-Being," *Journal of Personality and Social Psychology* 57, no. 6 (1989): 1069–81, https://doi.org/10.1037/0022-3514.57.6.1069.
- evidence that suggests otherwise: Sonja Lyubomirsky, Laura King, and Ed Diener, "The Benefits of Frequent Positive Affect: Does Happiness Lead to Success?," *Psychological Bulletin* 131, no. 6 (2005): 803–55, https://doi.org/10.1037/0033-2909.131.6.803.
- spending money on others: Elizabeth Dunn, Lara Aknin, and Michael Norton, "Spending Money on Others Promotes Happiness," *Science* 319, no. 5870 (2008): 1687–88, https://doi.org/10.1126/science.1150952.
- Happy people volunteer more: Shigehiro Oishi, Ed Diener, and Richard Lucas, "The Optimum Level of Well-Being: Can People Be Too Happy?," *Perspectives on Psychological Science* 2, no. 4 (2007): 346–60, https://doi.org/10.1111/j.1745-6916.2007.00048.x.

(1999): 988–1007, https://doi.org/10.1037/0022-3514.76.6.988.

- Jim Clark, who cofounded Netscape: Michael Lewis, *The New New Thing* (New York: W. W. Norton, 2000), 259.
- individuals who do not engage in upward: Sonja Lyubomirsky and Lee Ross, "Hedonic Consequences of Social Comparison: A Contrast of Happy and Unhappy People," *Journal of Personality and Social Psychology* 73, no. 6 (1997): 1141–57.
- discourages you from embracing: Joar Vittersø and Yngvil Søholt, "Life Satisfaction Goes with Pleasure and Personal Growth Goes with Interest: Further Arguments for Separating Hedonic and Eudaimonic Well-Being," *Journal of Positive Psychology* 6, no. 4 (2011): 326–35, https://doi.org/10.1080/17439760.2011.584548; Tenelle Porter, Diego Catalán Molina, Lisa Blackwell, Sylvia Roberts, Abigail Quirk, Angela Lee Duckworth, and Kali Trzesniewski, "Measuring Mastery Behaviours at Scale: The Persistence, Effort, Resilience, and Challenge-Seeking (PERC) Task," *Journal of Learning Analytics* 7, no. 1 (2020): 5–18.
- "Well, I'd rather be unhappy" : Huxley, *Brave New World,* 156.
- "They would laud and lure me" : Friedrich Nietzsche, *Thus Spoke Zarathustra: A Book for All and None,* trans. Walter Kaufmann (1883–1892, translated 1954; reprint, New York: Penguin, 1978), 169–70.
- "I am a wanderer" : Nietzsche, *Thus Spoke Zarathustra,* 152, 155–56.
- These emotions add: Jordi Quoidbach, June Gruber, Moïra Mikolajczak, Alexsandr Kogan, Ilios Kotsou, and Michael I. Norton, "Emodiversity and the Emotional Ecosystem," *Journal of Experimental Psychology: General* 143, no. 6 (2014): 2057–66, https://doi.org/10.1037 /a0038025.

Advances in Experimental Social Psychology 55 (2017): 81–136.

- a tiny bump in the road: Emma Bruehlman-Senecal, Ozlem Ayduk, and Oliver John, "Taking the Long View: Implications of Individual Differences in Temporal Distancing for Affect, Stress Reactivity, and Well-Being," *Journal of Personality and Social Psychology* 111, no. 4 (2016): 610–35, https://doi.org/10.1037/pspp0000103; Dylan Benkley, Emily Willroth, Ozlem Ayduk, Oliver John, and Iris Mauss, "Short-Term Implications of Long-Term Thinking: Temporal Distancing and Emotional Responses to Daily Stressors," *Emotion* 23, no. 2 (2023): 595–99, https://doi.org/10.1037/emo0001140.
- the psychological immune system: Daniel Gilbert, Elizabeth Pinel, Timothy Wilson, Stephen Blumberg, and Thalia Wheatley, "Immune Neglect: A Source of Durability Bias in Affective Forecasting," *Journal of Personality and Social Psychology* 75, no. 3 (1998): 617–38.
- Schwartz found the power of "good enough" : Barry Schwartz, Andrew Ward, John Monterosso, Sonja Lyubomirsky, Katherine White, and Darrin Lehman, "Maximizing Versus Satisficing: Happiness Is a Matter of Choice," *Journal of Personality and Social Psychology* 83, no. 5 (2002): 1178–97, https://doi.org/10.1037/0022-3514.83.5.1178.
- A study featuring a similar scenario: Sheena Iyengar, Rachael Wells, and Barry Schwartz, "Doing Better but Feeling Worse. Looking for the 'Best' Job Undermines Satisfaction," *Psychological Science* 17, no. 2 (2006): 143–50.
- If you did not get into your top school: Sonja Lyubomirsky and Lee Ross, "Changes in Attractiveness of Elected, Rejected, and Precluded Alternatives: A Comparison of Happy and Unhappy Individuals," *Journal of Personality and Social Psychology* 76, no. 6

Emily Willroth, Gerald Young, Maya Tamir, and Iris Mauss, "Judging Emotions as Good or Bad: Individual Differences and Associations with Psychological Health," *Emotion* 23, no. 7 (2023): 1876–90, https://doi.org/10.1037 /emo0001220.

- there was no pressure to be happy: Lucy McGuirk, Peter Kuppens, Rosemary Kingston, and Brock Bastian, "Does a Culture of Happiness Increase Rumination Over Failure?," *Emotion* 18, no. 5 (2018): 755–64, https://doi.org/10.1037/emo0000322.
- Americans on average feel far more pressure: Egon Dejonckheere, Joshua Phee, Peter Baguma, Oumar Barry, et al., "Perceiving Societal Pressure to Be Happy Is Linked to Poor Well-Being, Especially in Happy Nations," *Scientific Reports* 12, no. 1 (2022): 1514.
- more strongly associated with good luck: Shigehiro Oishi, Jesse Graham, Selin Kesebir, and Iolanda Costa Galinha, "Concepts of Happiness Across Time and Cultures," *Personality and Social Psychology Bulletin* 39, no. 5 (2013): 559–77.
- In *Brave New World:* Aldous Huxley, *Brave New World* (1932; reprint, New York: Vintage, 2007), 46.
- try to positively reinterpret the event: James Gross, "Emotion Regulation in Adulthood: Timing Is Everything," *Current Directions in Psychological Science* 10, no. 6 (2001): 214–19, https://doi .org/10.1111/1467-8721.00152.
- try to distance themselves: Ethan Kross and Ozlem Ayduk, "Making Meaning out of Negative Experiences by Self-Distancing," *Current Directions in Psychological Science* 20, no. 3 (2011): 187–91, https:// doi .org/10.1177/0963721411408883; Ethan Kross and Ozlem Ayduk, "Self-Distancing: Theory, Research, and Current Directions,"

Shawn Rhoads, and Rebecca Ryan, "A Multi-Semester Classroom Demonstration Yields Evidence in Support of the Facial Feedback Effect," *Emotion* 19, no. 8 (2019): 1500–1504.

- asked to behave like extraverts: William Fleeson, Adriane Malanos, and Noelle Achille, "An Intraindividual Process Approach to the Relationship Between Extraversion and Positive Affect: Is Acting Extraverted as 'Good' as Being Extraverted?," *Journal of Personality and Social Psychology* 83, no. 6 (2002): 1409–22, https://doi.org/10.1037/0022 -3514.83.6.1409; J. Murray McNiel and William Fleeson, "The Causal Effects of Extraversion on Positive Affect and Neuroticism on Negative Affect: Manipulating State Extraversion and State Neuroticism in an Experimental Approach," *Journal of Research in Personality* 40, no. 5 (2006): 529–50; Mariya Davydenko, John Zelenski, Ana Gonzalez, and Deanna Whelan, "Does Acting Extraverted Evoke Positive Social Feedback?," *Personality and Individual Differences* 159 (2020): 109883.
- far happier than they had anticipated: Nicholas Epley and Juliana Schroeder, "Mistakenly Seeking Solitude," *Journal of Experimental Psychology: General* 143, no. 5 (2014): 1980–99.
- These findings have been replicated: Juliana Schroeder, Donald Lyons, and Nicholas Epley, "Hello, Stranger? Pleasant Conversations Are Preceded by Concerns About Starting One," *Journal of Experimental Psychology: General* 151, no. 5 (2022): 1141–53, https://doi.org/10.1037 /xge0001118.
- unhappiness is a sign of failure: Iris Mauss, Maya Tamir, Craig Anderson, and Nicole Savino, "Can Seeking Happiness Make People Unhappy? Paradoxical Effects of Valuing Happiness," *Emotion* 11, no. 4 (2011): 807–15, https://doi.org/10.1037/a0022010;

39.

- happiness is the product of close relationships: Ed Diener and Martin Seligman, "Very Happy People," *Psychological Science* 13, no. 1 (2002): 81–84; Robert Emmons and Ed Diener, "Factors Predicting Satisfaction Judgments: A Comparative Examination," *Social Indicators Research* 16, no. 2 (1985): 157–67.
- not personal success, but *interpersonal* success: Jonathan Haidt, *The Happiness Hypothesis: Finding Modern Truth in Ancient Wisdom* (New York: Basic Books, 2006).
- Quentin Tarantino: Alex Fletcher, "Ten Things You Never Knew About Quentin Tarantino," *Digital Spy,* August 12, 2009.
- mimic either smiling or not smiling: Fritz Strack, Leonard Martin, and Sabine Stepper, "Inhibiting and Facilitating Conditions of the Human Smile: A Nonobtrusive Test of the Facial Feedback Hypothesis," *Journal of Personality and Social Psychology* 54, no. 5 (1988): 768–77, https://doi.org/10.1037/0022-3514.54.5.768.
- failed to replicate the original findings: Maarten Derksen and Jill Morawski, "Kinds of Replication: Examining the Meanings of 'Conceptual Replication' and 'Direction Replication,' " *Perspectives on Psychological Science* 17, no. 5 (2022): 1490–505; Nicholas Coles, David March, Fernando Marmolejo-Ramos, Jeff Larsen, et al., "A Multi-Lab Test of the Facial Feedback Hypothesis by the Many Smiles Collaboration," *Nature Human Behaviour* 6 (2022): 1731–42.
- others were able to replicate: Tom Noah, Yaacov Schul, and Ruth Mayo, "When Both the Original Study and Its Failed Replication Are Correct: Feeling Observed Eliminates the Facial-Feedback Effect," *Journal of Personality and Social Psychology* 114, no. 5 (2018): 657–64, https://doi .org/10.1037/pspa0000121; Abigail Marsh,

Yannis Georgellis, and Ed Diener, "Reexamining Adaptation and the Set Point Model of Happiness: Reactions to Changes in Marital Status," *Journal of Personality and Social Psychology* 84, no. 3 (2003): 527–39, https://doi.org/10.1037/0022-3514.84.3.527; Maike Luhmann, Wilhelm Hofmann, Michael Eid, and Richard Lucas, "Subjective Well-Being and Adaptation to Life Events: A Meta-Analysis," *Journal of Personality and Social Psychology* 102, no. 3 (2012): 592–615, https://doi .org/10.1037/a0025948.

- effect of a major accomplishment: Eunkook Suh, Ed Diener, and Frank Fujita, "Events and Subjective Well-Being: Only Recent Events Matter," *Journal of Personality and Social Psychology* 70, no. 5 (1996): 1091–102, https://doi.org/10.1037/0022-3514.70.5.1091.
- "affective forecasting error" : Timothy Wilson and Daniel Gilbert, "Explaining Away: A Model of Affective Adaptation," *Perspectives on Psychological Science* 3, no. 5 (2008): 370–86; Kennon Sheldon, Alexander Gunz, Charles Nichols, and Yuna Ferguson, "Extrinsic Value Orientation and Affective Forecasting: Overestimating the Rewards, Underestimating the Costs," *Journal of Personality* 78, no. 1 (2010): 149–78.
- if they were denied tenure: Daniel Gilbert, Elizabeth Pinel, Timothy Wilson, Stephen Blumberg, and Thalia Wheatley, "Immune Neglect: A Source of Durability Bias in Affective Forecasting," *Journal of Personality and Social Psychology* 75, no. 3 (1998): 617–38.
- Happiness is the frequency, not the intensity: Ed Diener, Ed Sandvik, and William Pavot, "Happiness Is the Frequency, Not the Intensity, of Positive Versus Negative Affect," in *Subjective Well-Being: An Interdisciplinary Perspective,* eds. Fritz Strack, Michael Argyle, and Norbert Schwarz (Oxford: Pergamon Press, 1991), 119–

Varieties of Religious Experience: A Study in Human Nature (New York: Longmans, Green, 1902), 78.

- a large international study: Ed Diener, "Subjective Well-Being: The Science of Happiness and a Proposal for a National Index," *American Psychologist* 55, no. 1 (2000): 34–43, https://doi.org/10.1037/0003 -066X.55.1.34.
- better workers, and they live longer: Sonja Lyubomirsky, Laura King, and Ed Diener, "The Benefits of Frequent Positive Affect: Does Happiness Lead to Success?," *Psychological Bulletin* 131, no. 6 (2005): 803–55, https://doi.org/10.1037/0033-2909.131.6.803; Julia Boehm and Sonja Lyubomirsky, "Does Happiness Promote Career Success?," *Journal of Career Assessment* 16, no. 1 (2008): 101–16.
- a "popular, attractive, and talented" : Scelfo, "Suicide on Campus."
- suicide among Americans increased: "Suicide Data and Statistics," Centers for Disease Control and Prevention; 2020 National Survey on Drug Use and Health (NSDUH), Substance Abuse and Mental Health Services Administration (SAMHSA).
- college students were asked to write: Luo Lu and Robin Gilmour, "Culture and Conceptions of Happiness: Individual Oriented and Social Oriented SWB," *Journal of Happiness Studies* 5, no. 3 (2004): 269–91, https://doi.org/10.1007/s10902-004-8789-5.
- college students tend to equate: Yukiko Uchida and Shinobu Kitayama, "Happiness and Unhappiness in East and West: Themes and Variations," *Emotion* 9, no. 4 (2009): 441–56, https://doi.org/10.1037 /a0015634.
- iconic 1959 *New Yorker* cover: Condé Nast Store (online), "New Yorker, January 17th, 1929."
- a victory rarely results in everlasting: Richard Lucas, Andrew Clark,

Negative Feelings," *Social Indicators Research* 97 (2010): 143–56; Martin Seligman, *Flourish: A Visionary New Understanding of Happiness and Well-Being* (New York: Free Press, 2011).

- How we think about our intelligence: Carol Dweck, *Mindset: The New Psychology of Success* (New York: Random House, 2006).
- frequent small, pleasant social interactions: Ed Diener, Ed Sandvik, and William Pavot, "Happiness Is the Frequency, Not the Intensity, of Positive Versus Negative Affect," in *Subjective Well-Being: An Interdisciplinary Perspective,* eds. Fritz Strack, Michael Argyle, and Norbert Schwarz (Oxford: Pergamon Press, 1991), 119–39.
- "To begin with, how *can* things" : William James, *The Varieties of Religious Experience: A Study in Human Nature* (New York: Longmans, Green, 1902), 136.
- The fragility of happiness: Mohsen Joshanloo, Dan Weijers, Ding-Yu Jiang, Gyuseog Han, et al., "Fragility of Happiness Beliefs Across 15 National Groups," *Journal of Happiness Studies* 16 (2015): 1185–210.
- "yet I could give no reasonable meaning" : Tolstoy cited in James, *Varieties of Religious Experience,* 154.
- The precariousness of meaning: Ronnie Janoff-Bulman, *Shattered Assumptions: Towards a New Psychology of Trauma* (New York: Free Press, 1992).

第二章

- "Despite whatever's going on" : Julie Scelfo, "Suicide on Campus and the Pressure of Perfection," *New York Times,* July 27, 2015.
- the ultimate goal of goals: Aristotle, *Ethics,* trans. J. A. K. Thomson (New York: Penguin Classics, 1976).
- "What is human life's chief concern?" : William James, *The*

- they feel more engaged: Karoline Hofslett Kopperud and Joar Vittersø, "Distinctions Between Hedonic and Eudaimonic Well-Being: Results from a Day Reconstruction Study Among Norwegian Jobholders," *Journal of Positive Psychology* 3, no. 3 (2008): 174–81.
- different epigenetic patterns: Barbara Fredrickson, Karen Grewen, Kimberly Coffey, Sara Algoe, Ann Firestine, Jesusa Arevalo, Jeffrey Ma, and Steven Cole, "A Functional Genomic Perspective on Human Well-Being," *Proceedings of the National Academy of Sciences* 110, no. 33 (2013): 13684–89; see also Nicholas Brown, Douglas MacDonald, Manoj Pratim Samanta, Harris Friedman, and James Coyne, "A Critical Reanalysis of the Relationship Between Genomics and Well-Being," *Proceedings of the National Academy of Sciences* 111, no. 35 (2014): 12705–09.
- they are virtually the same thing: David Disabato, Fallon Goodman, Todd Kashdan, Jerome Short, and Aaron Jarden, "Different Types of Well-Being? A Cross-Cultural Examination of Hedonic and Eudaimonic Well-Being," *Psychological Assessment* 28, no. 5 (2016): 471–82, https://doi.org/10.1037/pas0000209; B. M. L. Baselmans and Meike Bartels, "A Genetic Perspective on the Relationship Between Eudaimonic and Hedonic Well-Being," *Scientific Reports* 8 (2018): 14610.
- no point debating which is more important: Todd Kashdan, Robert Biswas-Diener, and Laura King, "Reconsidering Happiness: The Costs of Distinguishing Between Hedonics and Eudaimonia," *Journal of Positive Psychology* 3, no. 4 (2008): 219–33; Ed Diener, Derrick Wirtz, William Tov, Chu Kim-Prieto, Dong-won Choi, Shigehiro Oishi, and Robert Biswas-Diener, "New Well-Being Measures: Short Scales to Assess Flourishing and Positive and

Journal of Personality and Social Psychology 47, no. 4 (1984): 871–83, https://doi.org/10.1037/0022 -3514.47.4.871; Robert Emmons, "Personal Strivings: An Approach to Personality and Subjective Well-Being," *Journal of Personality and Social Psychology* 51, no. 5 (1986): 1058–68.

- hope, optimism, and flow: Martin Seligman and Mihaly Csikszentmihalyi, "Positive Psychology: An Introduction," *American Psychologist* 55, no. 1 (2000): 5–14, https://doi.org/10.1037/0003-066X.55.1.5.
- an alternative model of a good life: Carol Ryff, "Happiness Is Everything, or Is It? Explorations on the Meaning of Psychological Well-Being," *Journal of Personality and Social Psychology* 57, no. 6 (1989): 1069–81, https://doi.org/10.1037/0022-3514.57.6.1069.
- self-determination theory: Richard Ryan and Edward Deci, "Self-Determination Theory and the Facilitation of Intrinsic Motivation, Social Development, and Well-Being," *American Psychologist* 55, no. 1 (2000): 68–78, https://doi.org/10.1037/0003-066X.55.1.68.
- called the "hedonic approach" : Daniel Kahneman, Ed Diener, and Norbert Schwarz, eds., *Well-Being: The Foundations of Hedonic Psychology* (New York: Russell Sage Foundation, 1999); Daniel Gilbert, *Stumbling on Happiness* (New York: Knopf, 2006); Sonja Lyubomirsky, Kennon Sheldon, and David Schkade, "Pursuing Happiness: The Architecture of Sustainable Change," *Review of General Psychology* 9, no. 2 (2005): 111–31.
- their lives are meaningful: Roy Baumeister, Kathleen Vohs, Jennifer Aaker, and Emily Garbinsky, "Some Key Differences Between a Happy Life and a Meaningful Life," *Journal of Positive Psychology* 8, no. 6 (2013): 505–16.

3514.83.5.1178; Sheena Iyengar, Rachael Wells, and Barry Schwartz, "Doing Better but Feeling Worse: Looking for the 'Best' Job Undermines Satisfaction," *Psychological Science* 17, no. 2 (2006): 143–50.

- not going back to school: Thomas Gilovich and Victoria Husted Medvec, "The Temporal Pattern to the Experience of Regret," *Journal of Personality and Social Psychology* 67, no. 3 (1994): 357–65, https://doi .org/10.1037/0022-3514.67.3.357; Thomas Gilovich and Victoria Husted Medvec, "The Experience of Regret: What, When, and Why," *Psychological Review* 102, no. 2 (1995): 379–95, https://doi.org/10.1037/0033 -295X.102.2.379; Neal Roese and Amy Summerville, "What We Regret Most . . . and Why," *Personality and Social Psychology Bulletin* 31, no. 9 (2005): 1273–85.
- "bad faith" : Jean-Paul Sartre, "Bad Faith and Falsehood," *Essays in Existentialism,* translated by Wade Baskin (New York: Citadel Press, 1965), 147–86.
- Morrison's novel *Sula:* Toni Morrison, *Sula* (New York: Knopf, 1973).
- neurologist and writer Oliver Sacks: Oliver Sacks, *On the Move: A Life* (New York: Knopf, 2015).
- paper entitled "Subjective Well-Being" : Ed Diener, "Subjective Well-Being," *Psychological Bulletin* 95, no. 3 (1984): 542–75, https:// doi .org/10.1037/0033-2909.95.3.542.
- a series of papers on subjective well-being: Ed Diener and Robert Emmons, "The Independence of Positive and Negative Affect," *Journal of Personality and Social Psychology* 47, no. 5 (1984): 1105–117, https://doi.org/10.1037/0022-3514.47.5.1105; Ed Diener and Randy Larsen, "Temporal Stability and Cross-Situational Consistency of Affective, Behavioral, and Cognitive Responses,"

When, and Why Happiness Is Not Always Good," *Perspectives on Psychological Science* 6, no. 3 (2011): 222–33.

- prosocial spending: Elizabeth Dunn, Lara Aknin, and Michael Norton, "Spending Money on Others Promotes Happiness," *Science* 319, no. 5870 (2008): 1687–88; Lara Aknin, Elizabeth Dunn, Jason Proulx, Iris Lok, and Michael Norton, "Does Spending Money on Others Promote Happiness? A Registered Replication Report," *Journal of Personality and Social Psychology* 119, no. 2 (2020): e15–e26, https://doi .org/10.1037/pspa0000191; Iris Lok and Elizabeth Dunn, "Under What Conditions Does Prosocial Spending Promote Happiness?," *Collabra: Psychology* 6, no. 1 (2020): 5.
- writing gratitude letters: Martin Seligman, Tracy Steen, Nansook Park, and Christopher Peterson, "Positive Psychology Progress: Empirical Validation of Interventions," *American Psychologist* 60, no. 5 (2005): 410–21, https://doi.org/10.1037/0003-066X.60.5.410; Christina Armenta, Megan Fritz, Lisa Walsh, and Sonja Lyubomirsky, "Satisfied Yet Striving: Gratitude Fosters Life Satisfaction and Improvement Motivation in Youth," *Emotion* 22, no. 5 (2022): 1004–1016, https://doi .org/10.1037/emo0000896; Kathryn Adair, Larissa Rodriguez-Homs, Sabran Masoud, Paul Mosca, and J. Bryan Sexton, "Gratitude at Work: Prospective Cohort Study of a Web-Based, Single-Exposure Well-Being Intervention for Health Care Workers," *Journal of Medical Internet Research* 22, no. 5 (2020): e15562.
- a satisficer (i.e., happy with good enough) mindset: Barry Schwartz, Andrew Ward, John Monterosso, Sonja Lyubomirsky, Katherine White, and Darrin Lehman, "Maximizing Versus Satisficing: Happiness Is a Matter of Choice," *Journal of Personality and Social Psychology* 83, no. 5 (2002): 1178–97, https://doi.org/10.1037/0022-

參考資源

第一章

・in her novel *The Goldfinch:* Donna Tartt, *The Goldfinch* (New York: Little, Brown, 2013).

・"even at the expense of one's own happiness?" : Donna Tartt interview, *Charlie Rose,* February 7, 2014.

・trying to make others happy will make you happy: Keiko Otake, Satoshi Shimai, Junko Tanaka-Matsumi, Kanako Otsui, and Barbara Fredrickson, "Happy People Become Happier Through Kindness: A Counting Kindness Intervention," *Journal of Happiness Studies* 7, no. 3 (2006): 361–75; Oliver Scott Curry, Lee Rowland, Casper Van Lissa, Sally Zlotowitz, John McAlaney, and Harvey Whitehouse, "Happy to Help? A Systematic Review and Meta-Analysis of the Effects of Performing Acts of Kindness on the Well-Being of the Actor," *Journal of Experimental Social Psychology* 76, no. 5 (2018): 320–29; Kristin Layous, S. Katherine Nelson, Jaime Kurtz, and Sonja Lyubomirsky, "What Triggers Prosocial Effort? A Positive Feedback Loop Between Positive Activities, Kindness, and Well-Being," *Journal of Positive Psychology* 12, no. 4 (2017): 385–98; Bryant Hui, Jacky Ng, Erica Berzaghi, Lauren Cunningham-Amos, and Aleksandr Kogan, "Rewards of Kindness? A Meta-Analysis of the Link Between Prosociality and Well-Being," *Psychological Bulletin* 146, no. 12 (2020): 1084–116, https://doi.org/10.1037 /bul0000298.

・trying to make yourself happy sometimes fails: June Gruber, Iris Mauss, and Maya Tamir, "A Dark Side of Happiness? How,

作者與譯者簡介

作者：大石繁宏 Shigehiro Oishi

芝加哥大學馬歇爾．菲爾德四世心理學教授（Marshall Field IV Professor of Psychology），也是幸福、意義與文化等領域最具權威的人物之一，著有《國家的心理財富》（*The Psychological Wealth of Nations*），他的研究常被刊登在《紐約時報》和《華爾街日報》等主要媒體。

譯者：陳正芬

專職譯者，從事翻譯工作十多年，譯作有《把小錢滾成大財富》、《憑什麼相信你》等。

人生顧問 550

內在富裕：用新體驗取代遺憾，活出充滿故事的人生

作　者—大石繁宏 Shigehiro Oishi
譯　者—陳正芬
副總編輯—陳家仁
協力編輯—張黛瑄
企　劃—洪晟庭
封面設計—日央設計
內頁排版—李宜芝

總 編 輯—胡金倫
董 事 長—趙政岷
出 版 者—時報文化出版企業股份有限公司
108019 台北市和平西路三段 240 號 4 樓
發行專線—（02）2306-6842
讀者服務專線—0800-231-705（02）2304-7103
讀者服務傳真—（02）2302-7844
郵撥—19344724 時報文化出版公司
信箱—10899 臺北華江橋郵政第 99 信箱

時報悅讀網—http://www.readingtimes.com.tw
法律顧問—理律法律事務所 陳長文律師、李念祖律師
印　刷—勁達印刷有限公司
初版一刷—2025 年 5 月 9 日
初版四刷—2025 年 8 月 26 日
定　價—新台幣 450 元
（缺頁或破損的書，請寄回更換）

時報文化出版公司成立於一九七五年，並於一九九九年股票上櫃公開發行，於二〇〇八年脫離中時集團非屬旺中，以「尊重智慧與創意的文化事業」為信念。

內在富裕：用新體驗取代遺憾，活出充滿故事的人生 / 大石繁宏著；陳正芬譯. -- 初版. -- 臺北市：時報文化出版企業股份有限公司, 2025.05
344 面；14.8x21 公分. --（人生顧問；550）
譯自：Life in three dimensions : how curiosity, exploration, and experience make a fuller, better life.
ISBN 978-626-419-346-7(平裝)

1.CST: 幸福 2.CST: 自我實現 3.CST: 生活指導

177.2　　114002930

ISBN 978-626-419-346-7
Printed in Taiwan